MW01712208

Le souci des pauvres

DU MÊME AUTEUR

The Genetic Structure of Populations
Springer Verlag, New York, 1974

Concepts en génétique des populations
Masson, Paris, 1977

Éloge de la différence — La Génétique et les hommes
Le Seuil, Paris, 1978

Moi et les autres
Le Seuil, coll. « Point-virgule », Paris, 1983

Cinq Milliards d'hommes dans un vaisseau
Le Seuil, coll. « Point-virgule », Paris, 1987

Idées reçues
(avec Hélène Amblard)
Flammarion, Paris, 1989

La Légende de la vie
Flammarion, Paris, 1992

E = CM2
Le Seuil, coll. « Point-virgule », Paris, 1993

Absolu
(entretiens avec l'abbé Pierre,
animés par Hélène Amblard)
Le Seuil, Paris, 1994

Les Hommes et leurs gènes
Flammarion, coll. « Dominos », Paris, 1994

J'accuse l'économie triomphante
Calmann-Lévy, Paris, 1995

La Matière et la Vie
Milan, coll. « Les Essentiels », Paris, 1995

ALBERT JACQUARD

Le souci des pauvres

L'héritage de François d'Assise

Calmann-Lévy

ISBN 2-7021-2412-7
© CALMANN-LÉVY, 1996

SOMMAIRE

DES CAMARADES qui m'accompagnaient en ce matin de l'« année sainte » 1950, mon souvenir n'a retenu ni les visages ni les noms. Nous avions décidé d'assister au lever du soleil en haut de la Rocca Maggiore, l'ancienne citadelle qui domine Assise. À mesure que nous montions, le jour naissant révélait au loin des collines d'Ombrie. Nous fredonnions, pour accorder nos pas, *Die Kleine Nacht Musik* ; Amadeus participait à notre ascension. Nous arrivions au sommet quand le soleil a tout inondé de lumière. La même lumière qui, sept siècles plus tôt, transportait François de bonheur. En ce lieu il écoutait, comme nous, le chant des oiseaux, le murmure du vent ; de là il regardait au loin dans la plaine la maison où vivait Claire, la femme aimée.

Bien des années plus tard — j'étais grand-père — je sortais de l'hôpital des Enfants malades. À l'entrée, l'angoisse était grande. Quel allait être le verdict des médecins ? Mais tout était pour le mieux. Les portes du malheur ne s'étaient pas ouvertes. Sous la voûte sombre, je me suis entendu chanter la

Petite Musique de nuit. Amadeus venait m'aider à supporter le déferlement de joie qui me submergeait. Avec lui, François m'apportait l'émerveillement devant ce monde où tout est vie.

Ce compagnon des explosions intérieures est aussi l'ami irremplaçable des jours apparemment calmes où l'avenir semble s'engluer dans un présent de brouillard. Quand la lumière n'est plus succession d'éclairs mais monotone grisaille, à qui s'adresser, sinon à François ?

✦

Tout a été dit, et merveilleusement, sur la vie de François d'Assise. Les historiens, les poètes, les peintres, nous ont fait pénétrer le mystère de cet homme dont l'humilité a fait la gloire. Comment, après tant de chefs-d'œuvre, oser tenter ma propre contribution ? Mon désir est simplement de témoigner ici de l'apport de François à la réflexion de ceux qui, aujourd'hui, tentent d'orienter l'histoire des hommes.

Dans la lente construction de l'humanité, certains personnages ont provoqué des mutations décisives. Un chemin bien balisé semblait s'offrir aux hommes ; pour la plupart il suffisait de poursuivre dans la même direction, d'accepter pour bonnes les idées reçues, de préparer un demain ressemblant à hier. Eux ont osé regarder l'aboutissement lointain de ce laisser-faire ; ils en ont dénoncé les dangers, en ont montré l'inhumanité et ont tenté de provoquer la bifurcation vers une aventure inédite. François est l'un de ces révolutionnaires qui, en des temps où les objectifs sont perdus, montrent qu'un changement radical est nécessaire et possible. Akhénaton, le pharaon proposant l'unicité de Dieu, Jésus, le prophète suggérant de fonder les rapports entre les hommes sur l'amour, François, le fils de marchand proposant la pauvreté comme idéal de vie, ont bouleversé des évidences. Après eux, tout est changé.

Mais leur message n'est pas toujours compris de leurs contemporains ; il arrive que des générations se succèdent, que des siècles s'écoulent, avant que la vie des hommes en soit transformée. Qu'importent ces délais si, à la longue, leur passage laisse une trace ineffaçable et si, surtout, ce message est pris en compte lorsque des choix décisifs s'offrent à l'humanité.

Aujourd'hui, nous sommes à un carrefour. En quelques décennies, tout vient de changer dans les conditions de survie de notre espèce. L'effectif de l'humanité a quadruplé au cours de ce siècle ; il va doubler avant la fin du suivant. Les pouvoirs que nous nous donnons sont désormais tels que nous sommes les maîtres de l'avenir de notre planète, comme de celui de notre espèce ; le mythe de Prométhée n'est plus une utopie, mais presque une réalité.

Les concepts grâce auxquels nous comprenons l'univers qui nous entoure ont été bouleversés par les avancées de la science ; matière, temps, énergie, vie, déterminisme, n'ont plus le même sens qu'autrefois. Que nous le voulions ou non, nous vivons une phase révolutionnaire de la trajectoire de l'humanité ; demain sera différent d'hier. Cette révolution, allons-nous la subir ou la conduire ?

Tout est à revoir dans la façon dont les hommes vivent : les uns avec les autres ou les uns contre les autres ? L'état actuel de notre Terre ne plaide guère en faveur du mode de vie que nous avons, implicitement, adopté. Nous commençons à découvrir que les mots d'ordre de la société dominante, la société occidentale basée sur la compétition, conduisent la collectivité humaine à la catastrophe. Il est urgent de réfléchir et de définir un objectif acceptable par tous. Dans quels trésors aller puiser ?

L'aventure humaine de François d'Assise me semble être une des sources les plus riches où alimenter notre interrogation et notre imagination. Bien sûr, au début du XIIIe siècle, la condition des hommes est bien différente de celle qui leur échoit à la fin du XXe. Mais, dans cette merveilleuse région qu'est l'Ombrie, des bouleversements alors se préparent ; les rapports de force entre les individus et entre les groupes se transforment ; l'Église, ossature de la société, vacille ; seul le développement économique apporte des motifs d'espoir. L'avenir va-t-il être construit par les marchands ? François ose être obsédé par autre chose que la réussite commerciale de la boutique de son père, dont il va hériter bientôt.

Aujourd'hui, l'avenir est construit par les banquiers. Pour résoudre leurs problèmes, nos sociétés ont recours à un procédé qu'elles croient magique : la croissance ; consommons toujours plus et tout ira mieux. N'est-il pas de plus urgente préoccupation que la réussite économique de notre boutique locale ?

François ose parler des hommes. Il ose dire non à l'argent, non à la propriété, non au pouvoir, non à la violence, non à la guerre, oui au respect de l'autre, oui à l'amour, oui à l'idée que l'homme et l'univers forment une grande unité et que nous sommes les cousins des éléments — l'eau, la terre, le feu, l'air. Précieux pour nous tous est cet héritage.

Cet essai doit beaucoup à ceux qui ont bien voulu me faire bénéficier de leurs critiques : Alix Domergue, Sophie Bancquart, Jean Lenoir, journaliste, Ghislain Brunet, archiviste à la direction générale des Archives de France, Jean Cardonnel, dominicain, et surtout François Azouvi, qui en a provoqué l'écriture.

Grâce à leur influence, ce texte n'a pas la prétention de transmettre le message authentique de François d'Assise ; il n'est que le témoignage d'un homme d'aujourd'hui, angoissé, souvent ébranlé, conscient des dangers, conscient de sa faiblesse, conscient surtout de la trahison que serait le repli dans l'isolement et l'inertie.

François, aide-nous à devenir des hommes !

Du XIIe siècle au XXIe...
et retour

EN CETTE FIN du XIIe siècle l'Histoire semble basculer. Jérusalem, capitale du royaume Franc, établi un siècle plus tôt par les premiers croisés, est prise par Saladin ; les Lieux saints se retrouvent sous domination musulmane, inaccessibles aux chrétiens. Aussitôt, les souverains les plus puissants, Frédéric Barberousse, Richard-Cœur-de-Lion et Philippe-Auguste, décident une nouvelle croisade pour délivrer la ville où a été crucifié le fils de Dieu. Prêt le premier, l'empereur Frédéric fonce vers la Palestine. Il accumule les victoires, mais, se baignant dans un torrent, il se noie ; ses troupes, démoralisées, se dispersent. Bien que rivaux, Richard et Philippe unissent alors leurs forces et partent ensemble à la tête de leurs troupes ; mais la mésentente s'installe. Après avoir fait le siège de quelques ports, Philippe revient en France où l'appellent les affaires du Royaume ; Richard poursuit les opérations, mais renonce avant d'avoir abouti. Sur le chemin du retour, il est fait prisonnier. Jérusalem reste en terre d'Islam. Le Dieu des chrétiens abandonnerait-il les siens ?

Ces événements « historiques », ces chevauchées et ces batailles menées par des princes prestigieux camouflent des changements en profondeur qui bouleversent les rapports entre les individus et entre les collectivités. Ainsi les changements techniques, qui transforment les moyens de production, les possibilités de construction et même l'art de la guerre. C'est alors qu'apparaissent les moulins à vent, utilisant le souffle de l'air pour moudre le grain, et que débute en Europe l'usage de la boussole. Les premières cathédrales gothiques commencent à s'élever, écrasant de leur hauteur disproportionnée tous les édifices qui les entourent.

L'activité considérée comme la plus noble, la guerre, est transformée par la mise au point d'armes nouvelles, en premier lieu l'arbalète ; le trait qu'elle envoie à des centaines de mètres est capable de traverser les plus épaisses cuirasses ; Richard-Cœur-de-Lion lui-même en est victime. Ses effets sont si dévastateurs que l'Église tente d'en interdire l'usage, du moins dans les combats entre chrétiens. Le sort d'une bataille ne dépend plus seulement de la vaillance de nobles chevaliers, mais aussi de l'adresse et du nombre de vulgaires piétons qui louent leur savoir-faire d'albalétriers à qui veut bien les payer. La victoire va au camp le plus riche, elle s'achète et se vend.

Le rôle grandissant de l'argent est sans doute le

changement le plus profond, faisant souterrainement surgir une société nouvelle. L'habitude se répand d'attribuer à tout « bien », que ce soit une nourriture, une propriété ou le respect d'un engagement, une valeur exprimable au moyen d'un prix. La liberté d'un chevalier fait prisonnier s'achète à un tarif modulé selon le niveau de sa noblesse ; l'abandon d'un devoir d'aide ou d'amitié peut être compensé par une somme d'argent. L'Église elle même généralise ce système dans le domaine spirituel ; les interventions du clergé pour attirer la grâce de Dieu sont monnayées ; le pardon du Tout-Puissant, nécessaire pour éviter une vie éternelle de tourments, est tarifé. Les « valeurs » qui autrefois orientaient tous les choix, honneur, parole donnée, service de Dieu, deviennent peu à peu une simple rubrique dans la liste des biens ayant une valeur marchande.

Une des raisons de cette généralisation de la mise en équivalence de tout, grâce à un prix, est peut-être le remplacement progressif de la notation romaine des nombres par la notation arabe. Le système romain rendait les opérations arithmétiques les plus élémentaires si ardues que seuls quelques experts y étaient entraînés. La notation arabe, incluant, malgré les réticences de l'Église, l'étrange chiffre zéro, facilite si bien la manipulation des nombres que celle-ci devient à la portée de nombreux marchands, ce qui contribue à affermir le pouvoir de l'argent.

L'affaire importante est de gagner cet argent, puisque sa possession conditionne toute réussite, et même la qualité de la vie éternelle. Les nobles y sont peu habiles. Propriétaires de leurs domaines, de leurs châteaux, ils ont, par leur naissance, le droit de recevoir une part des récoltes et d'être servis par leurs gens. Dès qu'il faut acheter, ils se trouvent désarmés ; or, les épices qui viennent d'Orient, les draperies fabriquées dans les ateliers du nord de l'Europe, les bijoux ornés de pierres précieuses sont proposés par des marchands qui, en échange, exigent de l'argent. Pour s'en procurer, il leur faut se résoudre à laisser en échange certaines de leurs propriétés.

Les paysans, les artisans, tous ceux qui produisent, grâce à leur travail et à leur savoir-faire, sont bien incapables de défendre leur part de la richesse qu'ils contribuent à créer. Leur instruction est rudimentaire, sinon nulle ; lecture et calcul ne leur sont guère accessibles. Certes, leur sort s'améliore lentement grâce au défrichement de nouvelles terres et à l'augmentation de la production de céréales. Mais les progrès sont lents.

Contrairement à la France restée pour l'essentiel rurale, l'Italie du Nord s'urbanise ; les villes grandissent ; le rôle des marchands prend une importance grandissante. Ce sont eux, les principaux bénéficiaires des changements. Le seul fait d'être riches les met en position de s'enrichir. Le fossé se creuse entre ceux dont la fortune s'accroît parce qu'elle est déjà grande, et ceux qui s'appauvrissent parce qu'ils sont pauvres. La misère était auparavant la conséquence de mauvaises récoltes ou de guerres dévastatrices, accidents que l'on s'efforçait d'oublier au plus vite ; elle devient un mal permanent qui se propage dans les faubourgs.

Les rapports entre les divers groupes qui constituent la société sont bouleversés. Il y avait la noblesse et tout le reste. Les nobles étaient différents par nature : ils devaient leur statut à leur naissance. Celle-ci leur attribuait un destin impliquant droits et devoirs ; ils étaient les intermédiaires entre l'humanité souffrante et la puissance céleste, avaient pour charge de gérer le monde, et naturellement, possédaient les terres. Eux seuls étaient véritablement considérés comme des personnes dignes de respect. Les manants n'avaient été créés que pour être à leur service.

Désormais, il faut compter avec une nouvelle catégorie, une nouvelle « classe » : les bourgeois qui, avec leur argent, acquièrent le pouvoir. Ils savent commercer, gérer, compter ; ils créent des communes, s'opposent aux seigneurs, et obtiennent un début d'autonomie, qui leur donne appétit de liberté.

Selon leur fonction dans la société, les hommes étaient autrefois répartis en trois ordres : ceux qui prient, ceux qui combattent, ceux qui travaillent. Apparaissent les urbains qui développent l'artisanat, un début d'industrie, et aussi le commerce.

À ces transformations, la petite ville d'Assise, au cœur de l'Ombrie, participe avec enthousiasme. Située en terre d'Empire, elle est soumise au successeur de Frédéric Barberousse, Henri VI. C'est dans sa cathédrale, San Rufino, qu'est baptisé le fils de celui-ci, le futur empereur Frédéric II. À quelques lieues, la ville rivale, Pérouse, fait au contraire partie du domaine papal. Après la mort accidentelle d'Henri VI, en 1197, la population d'Assise se soulève, prend d'assaut la forteresse, symbole de son assujettissement à l'Empire, massacre la garnison allemande, détruit donjons et murailles et utilise les pierres pour construire en hâte des remparts autour de la ville. Les châteaux et les somptueuses demeures des nobles sont attaqués, pillés, incendiés, et ceux de leurs occupants qui n'ont pas fui pour se réfugier à Pérouse, sont égorgés. Une ère s'achève ; les bourgeois triomphent.

Parmi ceux-ci, un marchand drapier dispose, grâce à sa fortune, d'un pouvoir particulièrement étendu. Pietro di Bernardone fait de nombreux voyages en France ; il en rapporte des étoffes dans lesquelles les nobles se font tailler de magnifiques vêtements ; lorsqu'ils ne peuvent les payer, le drapier reçoit en échange forêts, fermes, prairies. Ses propriétés s'étendent sur tous les environs. Son fils aîné, baptisé sous le nom de Giovanni, mais appelé François en hommage au pays de France d'où le drapier revient si souvent chargé de trésors, promet d'être le successeur idéal ; il n'aime guère les études, mais il est actif et surtout séducteur ; il sait, au magasin, convaincre les clients. Il est l'animateur de la bande de jeunes gens qui consacrent leurs soirées et leurs nuits aux beuveries et aux chansons. Lors de la révolte de 1197, bien qu'il n'eût que quinze ans, il a été parmi les plus acharnés. À l'entrée d'un nouveau siècle il est de ceux en qui la nouvelle bourgeoisie peut placer son espoir.

La sauvagerie des temps modernes

Étrangement, notre époque subit des bouleversements qui rappellent ceux du temps de François.

En cette fin du XXe siècle, qui marque aussi la fin du second millénaire, l'Histoire semble de nouveau basculer. Les États les plus puissants, bâtis, croyait-on pour défier l'usure du temps, se dissolvent et disparaissent. L'URSS qui inspirait une peur panique, tant ses moyens de destruction étaient terrifiants, fait place en quelques années à une mosaïque de républiques concurrentes utilisant le peu d'énergie qui leur reste à s'opposer les unes aux autres.

Quelques événements spectaculaires, ainsi la disparition du mur de Berlin, restent dans l'esprit de tous comme des images illustrant un tournant décisif dans les rapports entre blocs politiques antagonistes.

Cette imagerie, cependant, camoufle plus qu'elle ne décrit les transformations en cours, si rapides et si profondes qu'elles constituent une véritable révolution. Ce sont les conditions mêmes de la façon dont les hommes vivent ensemble sur leur petite planète qui sont bouleversées. Les événements quotidiens ne sont que l'écume de ces bouleversements, ignorés car invisibles immédiatement : jour après jour, l'actualité nous cache l'Histoire en mouvement. Le marin voit les vagues qui agitent la surface, non le courant qui emporte l'océan.

Le nombre et la répartition des hommes sur cette Terre évoluent à un tel rythme que l'on peut évoquer une dérive des continents humains. Nous savons depuis moins d'un siècle que les continents géographiques errent sur la planète au gré des mouvements des plaques qui les supportent. Mais ces mouvements sont si lents qu'ils ne transforment la carte de la Terre qu'après des dizaines de millions d'années. Cette même carte, lorsqu'elle est dessinée par les démographes, qui consacrent à chaque région une surface proportionnelle à sa population, a une tout autre allure ; des géants géographiques comme le Canada sont des nains démographiques ; l'inverse est vrai pour des pays asiatiques comme le Bangladesh. Cette carte démographique se transforme si rapidement qu'elle est méconnaissable après une ou deux générations. D'ici le milieu du siècle prochain, la population de l'Asie se sera accrue de moitié, celle de l'Amérique latine aura doublé, celle de l'Afrique triplé, tandis que celle des pays riches, Europe et Amérique du Nord, sera restée stable. Le centre de gravité humain de la plupart des régions se déplace ; ainsi, pour les États qui bordent la Méditerranée, ce centre de gravité est aujourd'hui aux environs de Rome, il sera dans trente ans au sud de Tunis. La donnée de base de tous les problèmes posés par la coexistence des hommes, leur effectif, est inédite.

Pour la première fois depuis l'apparition de leur espèce, les hommes sont contraints de constater que leur domaine est restreint, que les ressources disponibles sont limitées. « Le temps du monde fini commence », selon le constat de Paul Valéry. L'accroissement de leur nombre est-il compatible avec les possibilités de la planète ? Ils sont désormais obligés de se poser cette question. La réponse est ambiguë : oui, la Terre peut nourrir les dix ou onze milliards d'hommes qui la peupleront dans moins d'un siècle, elle pourrait même en nourrir, grâce à quelques progrès, le double. Mais certains hommes ne se contentent pas de demander à la Terre leur nourriture ; ceux qui peuplent les pays « développés » exigent d'elle de multiples richesses non renouvelables ou dont le renouvellement est beaucoup plus lent que la consommation qu'ils en font. Combien d'hommes ayant le comportement actuel de ces « riches », la Terre peut-elle supporter ? Tout au plus 700 millions. Cela signifie que l'accès à ce mode de vie est, en raison de contraintes physiques indépassables, interdit à 80 p. 100 des terriens d'aujourd'hui, et le sera à plus de 90 p. 100 de leurs descendants à la fin du siècle prochain.

Les hommes, se heurtant aux limites de leur domaine, rêvent de l'agrandir et utilisent une capacité qu'aucune autre espèce ne possède : ils savent se donner à eux-mêmes des pouvoirs. Arbalète, moulin à vent, boussole, la moisson de novations techniques avait été riche au cours du XIIe siècle ; qu'elle paraît dérisoire face à la moisson du XXe ! Dans tous les domaines, des bonds en avant, infiniment plus importants que tout ce qui avait été rêvé autrefois, ont été réalisés. Faire le tour de la Terre en quelques heures, entendre une parole dite à des milliers de kilomètres, assister à un événement lointain, tuer des centaines de milliers de personnes avec une seule bombe, réduire à zéro le nombre des victimes du virus de la variole, faire naître des enfants à qui la nature refusait l'entrée dans la vie, tout cela nous l'avons obtenu. Nous sommes des *Homo faber* qui transformons le monde autour de nous. Dans l'ivresse de ces victoires, nous avons cru que rien ne nous serait impossible. En cette fin de siècle il nous faut déchanter.

Certains seuils ne pourront, nous le savons maintenant, être franchis ; aller plus vite qu'un rayon lumineux est définitivement impossible en raison de la structure de l'espace-temps dans lequel nous nous mouvons. Du coup, l'espoir d'une émigration de l'humanité sur une planète plus accueillante est fortement réduit ; sans doute de telles planètes existent-elles, mais elles sont à une distance telle que le parcours durerait de nombreuses générations. Il nous faut admettre que seuls quelques individus pourront faire de courtes excursions au sein du système solaire ; l'humanité est prisonnière de la Terre. Depuis toujours les hommes s'étaient forgé une mentalité de nomades disposant constamment d'un ailleurs ; ils découvrent soudain qu'ils sont assignés à résidence et qu'il faut l'accepter ; il n'y a plus d'ailleurs.

Mais le désenchantement le plus grave ne vient pas de cette limitation ; nous pouvons satisfaire nos besoins d'infini ailleurs que dans l'espace. Il vient du constat que certains des pouvoirs que nous venons de nous donner sont des dangers pour l'Homme. Au cours des dernières décennies, nous sommes passés du statut d'*Homo faber* à celui de *Faber hominis.* Nous nous sommes mis entre nos propres mains. Comme toujours, au début, les progrès nous ont semblé bénéfiques ; donner un enfant à un couple stérile, prévoir une maladie grave ou incurable dès le stade embryonnaire, déjouer les effets néfastes d'un gène muté ou même le remplacer par un gène « normal », tous ceux qui ont contribué à ces exploits pouvaient légitimement être fiers de leurs succès. Aujourd'hui ils ont peur et font part de leurs inquiétudes. L'enfant à naître ne sera plus le résultat imprévisible de multiples loteries décidant, hors de notre portée, son sexe, sa taille ou sa capacité de résistance aux maladies ; il sera l'aboutissement d'un programme ; il sera conforme à la volonté des géniteurs. L'humanité se transformera au gré des modes ou des objectifs de quelques dictateurs imposant la définition d'une norme humaine. L'essence du processus de procréation, l'imprévisibilité, aura été détruite.

Le bilan du XXe siècle n'est heureusement pas une simple liste de désenchantements et de problèmes inédits aux solutions peut-être introuvables ; il nous a apporté aussi un regard totalement nouveau sur la réalité qui nous entoure et dont nous faisons partie. La réflexion scientifique a opéré, à partir des premières années du siècle, un véritable retournement remettant en cause la plupart des concepts qui semblaient les mieux établis. La pensée s'est libérée de multiples contraintes qui l'enserraient dans le carcan d'un déterminisme étroit. Tous les mots que nous utilisons pour décrire le réel ont changé de sens. Matière, temps, entropie, cosmos, lois, et même le mot vie, ont changé de signification, apportant un souffle nouveau à la recherche des processus transformant l'univers. Des idées considérées au départ comme plus poétiques que réalistes, telle la double nature de la lumière, à la fois corpusculaire et ondulatoire, sont regardées maintenant comme des évidences.

Cependant, ce renouveau est loin d'avoir pénétré les mentalités de la plupart des hommes ; plusieurs siècles sont nécessaires avant qu'un constat, si rigoureusement démontré soit-il, devienne une évidence pour tous. La pensée scientifique vient de progresser si rapidement que le décalage avec l'opinion collective s'est terriblement accru. Cette dernière s'est écartée des certitudes qu'apportaient la religion et se révèle incapable de partager la lucidité, souvent problématique, douloureuse, qu'apporte la science. Désemparée, elle se raccroche aux affirmations simplistes proclamées par quelques gourous. La science déclare haut et fort qu'elle ne peut donner de réponse à toutes les questions et qu'elle ne le pourra jamais. Or, bien des hommes ressentent le besoin d'explications globales, de vérités définitives ; seuls les intégrismes de toutes natures peuvent satisfaire ce besoin. Ils prolifèrent et multiplient leurs adeptes.

Certains de ces intégrismes ont pris le chemin qu'avait tracé une religion. La notion de révélation, de parole de Dieu dictée à un prophète, facilite le tour de passe-passe qui permet, au nom de l'Évangile, de massacrer les Cathares ou, au nom du Coran, d'imposer des dictatures sanguinaires. Mais il existe des intégrismes plus dangereux encore et dont les conséquences pour le sort des hommes sont plus catastrophiques : l'intégrisme politique faisant croire qu'une doctrine détient seule la Vérité et l'intégrisme économique persuadant qu'une seule méthode est capable d'apporter le bien-être à tous sont parmi les plus redoutables. La dictature la plus voyante, celle qui dominait l'Union soviétique, s'est effondrée à la surprise générale ; mais un peu partout des dictatures, plus discrètes vues de loin, mais tout aussi écrasantes, maintiennent durablement leur emprise. Longtemps, diverses doctrines économiques se sont affrontées ; aujourd'hui une seule semble recueillir l'approbation de tous ; elle se présente comme scientifique et développe les conséquences d'une « loi » apparemment aussi prégnante que celle du monde physique : la « loi du marché » *.

Le fondement de cette doctrine est l'affirmation que tout bien a une valeur, et que celle-ci peut être mesurée en unité monétaire. Un quintal de blé, une heure de plaisir, ou un rein de rechange, peuvent par définition être tarifés. Ils sont accessibles à chacun pourvu qu'il puisse les acheter, c'est-à-dire disposer

* J'ai développé cette idée dans *J'accuse l'économie triomphante* (Calmann-Lévy, 1995). J'en rappelle ici l'essentiel.

de l'argent nécessaire. Cet argent est devenu le bien suprême puisqu'il permet d'obtenir tous les autres.

L'important est de s'en procurer, par exemple en travaillant et en recevant un salaire. Mais notre siècle a mis au point des méthodes beaucoup plus efficaces grâce à la spéculation ; il suffit pour s'enrichir d'être déjà riche. Un processus apparemment inéluctable d'enrichissement des riches et d'appauvrissement des pauvres a été mis en place et accélère ses effets. Il fonctionne aussi bien dans les rapports entre les États ou les grandes entreprises multinationales qu'entre les individus. La Terre entière est devenue une jungle où la principale vertu est d'être compétitif, c'est-à-dire capable de l'emporter sur les autres. Au passage, ces compétitions acharnées détruisent les richesses non renouvelables de la planète ; dans le feu de la lutte, chacun feint de l'ignorer, l'urgence est de gagner, sinon c'est la mort. *Vae victis !*

Pour justifier un mécanisme aussi destructeur, l'intégrisme économique régnant fait croire qu'il est conforme à une autre « loi », celle de la sélection naturelle. La disparition des éléments les moins performants d'une collectivité, les chances données à ceux qui réussissent, seraient la condition de l'amélioration de la moyenne. Ce n'est plus le « Dieu le veut » qu'utilisaient les Églises pour régner sur la multitude, mais « la Nature le veut », et c'est au moins aussi efficace.

La révolte de ceux qui sont les victimes du rouleau compresseur économique est asphyxiée par un poison subtil distillé comme une évidence : ceux qui sont les perdants sont les véritables coupables de leur malheur ; par nature ou par absence de courage, ils n'ont pas fait le nécessaire ; ils ne peuvent s'en prendre qu'à eux-mêmes.

L'humanité est aujourd'hui globalement intégrée et localement disloquée. Globalement intégrée, car les effets d'une action en un point de la planète se répercutent sur le sort de tous ; cette interdépendance est renforcée par la diffusion instantanée de l'information. Martelée, celle-ci insère chaque homme dans un réseau qu'il subit et donne un pouvoir inouï à ceux qui en dominent les sources. Localement disloquée en raison même de cette insertion dans un filet planétaire aux mailles serrées. L'appartenance à une nation, à une culture, à une classe sociale ne peut plus être fortement ressentie. Les solidarités induites par ces appartenances s'effondrent ; chacun autrefois les revendiquait comme une part de son être ; elles ne sont plus qu'une vague caractéristique administrative. C'est la part d'humanité de chaque personne et de chaque groupe, son identité, qui disparaissent ; un vide sépare les uns des autres ceux qui devraient être les acteurs d'une action commune.

Cette humanité bien réelle ressemble fort à celle que décrivait Georges Perec dans un roman, *La Dis-*

parition, où il s'était donné la contrainte de ne pas utiliser la lettre E : « On pillait, on violait, on mutilait. Mais il y avait pis : on avilissait, on trahissait, on dissimulait. Nul n'avait plus jamais l'air confiant vis-à-vis d'autrui : chacun haïssait son prochain. »

N'est-ce pas le portrait de l'homme de cette fin de siècle ?

Il est temps de revenir au XIIe siècle et à François d'Assise.

La révolte fondatrice

Le jeune François n'a guère comblé les espoirs que son riche drapier de père et les bourgeois d'Assise mettaient en lui. Son adolescence est celle d'un « gosse de riche » profitant de la fortune paternelle pour organiser des fêtes où il offre tous les plaisirs de la table et de la chair à la bande de ses joyeux compagnons toujours prêts à le suivre. Il se rend célèbre aussi par la qualité de sa voix ; il émeut lorsqu'il chante les cantilènes dont certains historiens pensent qu'il les a entendues des troubadours lors des voyages qu'il aurait effectués en France en compagnie de son père. Sa mère, semble-t-il, était d'origine française ; peut-être les lui a-t-elle chantées. Son auditoire est séduit par ces hymnes à l'amour courtois, évoquant des dames merveilleuses et inaccessibles, définitivement intouchables mais ardemment désirées.

Il mène la « belle vie » ; toujours à la pointe des initiatives, il crée le groupe des « tripudianti », organisant des soirées délirantes où l'on se grise de danses et de chants. Tout cela coûte cher, et Pietro di Bernardone réagit parfois sévèrement devant ces folles dépenses. Mais ses affaires sont prospères, il est de plus en plus riche, ses propriétés s'étendent : il peut supporter ces frasques sans importance ; il faut bien que jeunesse se passe.

Les choses commencent à tourner mal lorsque François prétend concrétiser son rêve : pénétrer dans la société des nobles alors que son père, tout riche soit-il, n'est qu'un membre du peuple. Il lui faut pour cela devenir un chevalier, posséder monture et armure, faire preuve de vaillance en participant à la plus noble des guerres : la croisade. Il vise en outre le plus enthousiasmant des objectifs : rendre aux chrétiens le tombeau du Christ. Puisqu'il s'agit de s'élever dans l'échelle sociale, le drapier ne lésine pas ; rien n'est trop beau. Et un jour de mai, magnifique sur son cheval, suivi de son écuyer, François, âgé de vingt-trois ans, quitte Assise, admiré par tous ses concitoyens.

Le soir même, à Spolète, après un voyage d'une quinzaine de lieues, il est terrassé, dans l'auberge où il se repose, par une fièvre quarte. Le chevalier qu'il accompagne poursuit sa route ; lui est contraint d'arrêter là sa chevauchée. Dans son délire il entend la voix du Seigneur : « Retourne chez toi, on te dira plus tard ce que tu as à faire. » Rétabli, il vend tout son attirail, armure et monture, et rentre chez lui, au soulagement sans doute de sa famille.

Mais il n'est plus le même ; il s'éloigne de tous ses amis, recherche la solitude ; il a entendu le Seigneur et sait qu'Il doit à nouveau s'exprimer ; il attend. Quelques mois plus tard, entrant dans une chapelle abandonnée perdue dans les bois, San Damiano, il entend l'image du Christ crucifié lui parler : « François, répare mon église. » Cette fois, il sait ce qu'il doit faire ; remettre en état cette chapelle délabrée. Il faut de l'argent. Il n'hésite pas, entre dans les réserves du magasin de son père, s'empare des plus belles étoffes et court les vendre au marché de la ville voisine.

La colère du drapier est terrible. Pour récupérer son bien, il finit par déposer une plainte auprès de l'évêque d'Assise. Celui-ci convoque François. La rencontre a lieu sur la grand-place, emplie par une foule avide d'assister à ce drame familial. François, accusé, ne se défend pas ; il rend la bourse contenant l'argent destiné aux travaux de la chapelle ; puis, un à un, en silence, il enlève ses vêtements et les jette à son père. Pour naître à une nouvelle vie, il se veut nu comme au jour de sa naissance. Par décence, l'évêque le drape de son manteau. Puis, vêtu de quelques guenilles, n'ayant plus de dette envers quiconque, n'ayant reçu de sa famille que la vie, de ses concitoyens que leurs regards, il s'éloigne dans la campagne.

Il refuse la voie toute tracée. Il lui suffirait de succéder à son père : argent, propriétés, pouvoir, honorabilité — tout lui est proposé. Sa « carrière », déjà, est dessinée. Il tourne le dos et s'en va sans un mot.

Pietro Bernardone, dans la main la bourse réclamée, sur les bras les vêtements qu'il avait eu tant de plaisir à choisir et à offrir à son fils, reste sans voix, interloqué. Il se croyait un père généreux ; il n'est plus qu'un propriétaire dévoré par ses biens. En droit, il avait raison ; ce qu'il a fait, il devait le faire ; où va la société si on laisse les fils dépouiller les pères ? Sa victoire pourtant est amère ; ce qu'il ressent est si triste, si lourd. Il a gagné la reconnaissance de son bon droit ; il a perdu un fils, et avec lui le sens de son avenir. Mais les affaires n'attendent pas : il lui faut faire face. Le fils cadet prendra la place désertée par François, demain les clients afflueront, attirés par le parfum du scandale. Les bénéfices s'accumuleront. La vie continuera. Demain sera le prolongement d'hier : il suffit de maintenir le cap.

François, lui, ne va nulle part. Il n'a rien prévu, rien prémédité. Il n'est même pas appelé par une vocation lui ouvrant les portes d'un de ces ordres religieux qui alors se multiplient. Il n'est enrôlé par aucune armée. Simplement, il obéit à la voix de cette image du crucifié qui, soudain, dans la chapelle en ruine, a parlé. Rien n'existe plus pour lui que cette voix, que l'image de cet homme cloué sur une croix. Celui-là était, dit-on, Dieu ; il était, c'est sûr, un homme. Et Il l'appelle, lui donne des ordres, met sa vie au service d'un dessein encore imprécis. Pour l'instant, la consigne est simple : réparer cette petite église. François se met au travail, comme si rien d'autre n'existait que ces murs à consolider. Son passé lui-même a perdu toute réalité ; il vit dans un présent qui absorbe tout son être. Il invente sa vie.

À son contact, c'est la vie de milliers d'hommes et de femmes qui va être bouleversée. Le « non » qu'il a si vigoureusement proféré à toutes les réussites sociales, toutes les jouissances, toutes les satisfactions accumulées jour après jour, va ébranler la société et, pour commencer, l'Église. Les cardinaux et le pape devront entendre le cri de ce « fou de Dieu » dépourvu volontairement de tout, mais dont la voix est entendue par la multitude. Le XIIIe siècle qui commence va être marqué par cette révolte.

L'appel du fils

Que de fois je me suis heurté à la contradiction entre mes aspirations et mes actes. François est le modèle affiché, proclamé. Mais Pietro Bernardone est l'exemple suivi. Il est sérieux, lui, il sait qu'il faut tenir compte des contraintes d'une société imparfaite. Il transige : comment ne pas transiger ? Son rôle n'est pas seulement négatif. Certes, les marchands s'enrichissent un peu trop rapidement, mais ils ont une fonction utile. Avec le recul de l'histoire, nous pouvons constater que le développement du commerce a favorisé des progrès de tous ordres, artistiques comme économiques, dont la plupart des Européens ont finalement profité. En défendant le respect de la propriété, ce drapier ne pensait pas seulement à ses intérêts propres. Il défendait l'« ordre » ; et toute vie en société nécessite un minimum d'ordre.

Dans mes réflexes spontanés, dans les actes réellement accomplis, je constate que j'ai plus souvent fait ce qui aurait plu à Pietro que ce qu'aurait choisi François. Comme il aurait été content, ce père qui avait laborieusement fait sa place dans la bonne société d'Assise, si son fils aîné avait pu entrer dans une école prestigieuse, faire partie de la future « élite » ! C'est, à sa manière, et selon les conditions de occasions, la société leur fait comprendre que leur disparition serait un bienfait, une charge en moins. D'où l'inévitable suicide que sont la violence, la délinquance, la drogue.

La société des hommes, dans son ensemble, est dans l'état où s'est trouvée l'Église dans les pires périodes de son histoire, lorsqu'elle n'était plus qu'une structure refuge, faisant régner l'ordre au profit des nantis, calmant les exploités par des illusions de paradis lointains.

Peut-on espérer aujourd'hui qu'un homme pourra, par sa parole et son exemple, provoquer un sursaut, détourner le cours des événements, déclencher la nécessaire révolution ?

Ce qu'a fait François ne semble guère possible dans le monde actuel. Capable de bouleverser les foules, il risquerait de devenir un produit médiatique dont le message serait submergé par la cacophonie des slogans politiques et des publicités commerciales. Son *Cantique des créatures* serait produit par une chaîne de télévision, décomposé en quelques séquences rythmées par des pauses de « pub ». Pire encore, le tapage orchestré autour de lui en ferait un gourou, un patron de secte idolâtré, coupé des hommes.

Le temps des hommes providentiels n'est plus. La « Providence » elle-même a perdu — tant mieux ! — son pouvoir sur le devenir des hommes. C'est à eux de choisir et de construire. Pour cela ils ont besoin des richesses apportées par quelques hommes qui ont su, dans le passé, faire entendre leur « non ».

François est de ceux-là. Il n'est pour moi ni un grand homme ni un grand saint. Il est un homme comme moi, comme tous ceux qui m'entourent. Mais de sa faiblesse il a fait une force, de son ignorance une lucidité, de ses interrogations une conviction. Il a mille choses à m'apprendre, à nous apprendre.

Par delà les siècles, nous pouvons l'entendre. Ce « fou de Dieu » était surtout un « fou de l'homme », et même un « fou de l'univers » qui a produit la vie qui a produit l'homme.

L'énigme de la vie

JE ME SOUVIENS du premier choc, en rencontrant François au détour d'une citation lue sans doute dans un livre scolaire. J'ignorais tout de lui ; il ne faisait pas partie des quelques saints que l'on m'avait appris à invoquer, comme saint Antoine de Padoue si efficace pour retrouver les objets perdus. Or, ce personnage, réputé sérieux puisque canonisé, prononçait des paroles apparemment absurdes ; il parlait de « sa petite sœur l'eau ». Qu'il étende le réseau de ses parents aux animaux proches pouvait à la rigueur passer pour raisonnable ; mais y inclure un élément tel que l'eau ne pouvait être qu'une image poétique sans rapport avec une quelconque réalité.

En lisant maintenant le *Cantique des créatures* en son entier, je comprends qu'il est certes chargé d'une émouvante poésie, mais qu'il traduit aussi une vision du monde parfaitement réaliste ; plus réaliste même que François ne l'imaginait. Ce n'est pas seulement l'eau que François intègre à sa famille, mais toutes les créatures, les animaux, le soleil, la lune, le feu, le vent. Il exprime exactement la vision des astrophysiciens modernes qui décrivent les hommes comme des « poussières d'étoiles ».

Aux yeux de l'Église, pourtant, les êtres humains ont une double nature, ils sont un corps et une âme. Leur espèce résulte d'une décision spécifique du Créateur ; Il les a dotés d'un attribut qui n'a été donné à aucune autre de ses créatures : la capacité de choisir entre le bien et le mal, de faire de leur vie un chemin vers le paradis ou l'enfer. Dans cette optique, le poème de François est un véritable blasphème, puisqu'il réinsère l'homme dans un univers dont il n'est plus qu'un élément parmi d'autres. Bien sûr il était considéré en son temps comme un mystique, un poète, non comme un théologien. Son discours ne devait pas être pris trop au sérieux.

Poussières d'étoiles

Aujourd'hui nous pouvons l'écouter en ayant à l'esprit tout ce que les siècles écoulés depuis, et surtout le XXe, ont apporté comme regards plus vrais sur la réalité. Et nous constatons que l'homme n'est en effet que l'un des innombrables rameaux d'un arbre qui s'est développé et enrichi de branches nouvelles depuis l'origine de l'univers. Le temps s'écoulant, les forces à l'œuvre ont mis en place des objets inédits. Oui, nous sommes bien de la même famille que les étoiles, le feu ou l'eau. Nous pouvons même aller plus loin que François, ne pas nous contenter de décrire les membres actuels de cette famille, nous pouvons raconter son histoire, reconstituer sa généalogie.

La principale difficulté est d'en situer l'origine. Mais un généalogiste sait bien qu'il doit arrêter arbitrairement sa remontée dans le passé. Tout être vivant est le successeur d'un autre être vivant, ou de plusieurs autres, tout objet résulte de la transformation d'un ou de plusieurs objets qui l'ont précédé. Cette chaîne ne peut se terminer que là où notre paresse (ou notre incapacité à obtenir des informations) nous oblige à abandonner notre quête d'antécédents. Pour l'Église d'alors, ce point de départ était défini comme la Création, événement qui supposait l'intervention d'un Créateur préexistant.

Ce Créateur, ce Seigneur, est présenté dans la Bible comme agissant à plusieurs reprises, les fameux six jours suivis d'un jour de repos. C'est indépendamment qu'Il crée, à un instant les astres et la Terre, à un autre les plantes, à un autre les animaux, et finalement l'Homme. Pour François, au contraire, toutes les créatures sont liées par une fraternité fondamentale, définitive ; elles constituent une famille où chacun est au service de tous les autres, avant tout du dernier-né, l'Homme. L'eau, par exemple, fait partie de la fratrie, elle qui est « fort utile, humble, précieuse et chaste ».

Les scientifiques de ce siècle camouflent leur absence de réponse à l'interrogation de toujours : « Comment ce monde réel qui, sous nos yeux, se transforme, a-t-il pu apparaître ? » par une plaisanterie, un bon mot ; ils se réfugient derrière le « big bang », imaginé comme une explosion primordiale qui serait à l'origine du tout. Mais ils ne peuvent même pas présenter ce big bang comme un événement, car tout événement suppose une période où il n'avait pas encore eu lieu. Or, cet « avant big bang » est à la fois logiquement nécessaire et dépourvu de toute réalité ; il est même au-delà de tout ce que notre imagination peut concevoir.

En revanche la science a fait des progrès décisifs dans la réponse à la question : « Que s'est-il passé depuis l'origine ? » et cette réponse aboutit à une vision de la réalité d'aujourd'hui totalement conforme à l'intuition de François.

Le constat fondamental est que cet univers est mené par un élan résultant des interactions entre éléments. Élan qui produit des structures matérielles de plus en plus riches, de plus en plus complexes, et par conséquent dotées de pouvoirs de plus en plus étendus.

Au départ, tout était uniforme ; partout la densité de matière, d'énergie, de rayonnement, était la même. L'espace, ou plutôt l'espace-temps, était homogène. Il a fallu attendre que s'écoule une durée équivalant à plusieurs centaines de milliers de nos années pour que quelques failles, quelques rides, apparaissent dans cette uniformité. Mais, aussitôt apparues, elles ont provoqué une différenciation de plus en plus marquée. Les zones où, par hasard, la densité de matière était un peu plus importante, ont créé une attraction gravitationnelle attirant la matière environnante, tandis que les zones légèrement moins denses se vidaient peu à peu, accentuant les écarts de densité.

Ainsi se firent jour des galaxies séparées par des espaces presque vides de matière.

Paradoxalement, les deux disciplines qui s'intéressent l'une aux objets infiniment grands, l'autre aux objets infiniment petits, font converger leurs modèles et leurs observations pour nous proposer une description des événements qui, après quinze milliards d'années d'évolution de l'univers, ont provoqué sur notre insignifiante petite planète la réalisation de toutes ces choses qui réjouissaient le cœur de François : la lumière, le vent, les oiseaux, et lui-même capable de les regarder avec émotion.

La physique des particules nous apprend que tout ce qui existe dans l'univers est fait de briques élémentaires appartenant à un très petit nombre de catégories : au total six quarks et six leptons. Quant aux interactions entre ces particules et entre les ensembles qu'elles constituent, elles sont portées par d'autres particules, les « bosons », grâce à qui apparaissent les quatre forces fondamentales : gravitation, force électromagnétique, forces nucléaires faible et forte. Depuis l'origine, tous les événements sont le produit de l'action de ces bosons ; tous les objets sont faits de l'assemblage, rendu stable grâce aux forces à l'œuvre, d'une multitude de leptons et de quarks.

Que sont-elles donc ces particules élémentaires ? Le terme de « brique » est très trompeur ; il nous conduit à les imaginer comme des grains de matière, certes extrêmement petits, mais semblables, à la dimension près, à des grains de sable définitivement insécables. La réponse des physiciens est fort éloignée de cette représentation. Pour eux, il s'agit moins d'objets matériels concrets que d'« objets de discours ». Ils se résignent à ne plus tenter de les décrire et se contentent de préciser leur état. Pour cerner leur réalité, ils énumèrent des paramètres dont l'ensemble est le « vecteur d'état » de la particule ; ils renoncent à les représenter par un dessin, car celui-ci ne pourrait être qu'une tromperie ; ils se bornent à leur faire correspondre une entité mathématique. La question de toujours : « La lumière est-elle une onde ou est-elle constituée de particules ? » reçoit ainsi une réponse inattendue : chaque objet élémentaire peut être traité aussi bien comme une onde que comme une particule.

Le cheminement scientifique se voulait rigoureusement « matérialiste », soucieux avant tout d'assurer la cohérence entre les informations que le monde réel nous envoie sur lui-même et la représentation que nous en imaginons. Paradoxalement, il aboutit à un carrefour où les contraires ne s'excluent plus, où plusieurs routes peuvent simultanément être choisies.

Le premier succès de ces théories est de rendre compte de ce qui se passe dans les énormes machines où les scientifiques torturent la nature en précipitant des particules les unes contre les autres à une vitesse proche de celle de la lumière. Mais plus grand encore est le bond en avant de notre compréhension de la réalité, lorsqu'elles nous permettent d'entrevoir ce qui s'est passé au cours des premiers soubresauts de l'univers, il y a environ quinze milliards d'années. Nous commençons à comprendre comment les interactions fondamentales ont provoqué la structuration du chaos initial en objets distincts, ayant chacun ses caractéristiques propres : galaxies, étoiles, planètes...

Si différents qu'ils nous paraissent, ces objets sont pourtant faits des mêmes constituants ; ils sont tous les descendants de la bouillie indifférenciée de l'après-big bang.

La floraison terrienne

Sur notre planète, les forces à l'œuvre sont évidemment les mêmes que partout dans l'univers, mais il se trouve que la fécondité de leur jeu a été favorisée par un environnement exceptionnel. La Terre est la seule planète du système solaire possédant de l'eau, coup de chance dû à sa distance au Soleil. Elle est située entre les étroites limites encadrant la zone hors de laquelle l'eau disparaît comme sur Vénus, trop proche du soleil, ou sur Mars, trop éloignée. Cette eau a été le lieu où des rencontres de molécules ont provoqué des créations d'assemblages atomiques de plus en plus riches, en une floraison de combinaisons innombrables.

Chacune de ces combinaisons avait sa spécificité, sa structure, ses pouvoirs. Mais, si robustes qu'aient été les liens qui unissaient ses éléments, un jour elle était détruite et les pouvoirs que le hasard lui avait attribués disparaissaient.

Une seule molécule a été capable de refuser ce destin éphémère. Elle est apparue alors que la Terre, constituée il y a quatre milliards et demi d'années, avait déjà fait un milliard de fois le tour du Soleil. Nous n'avons su décrypter sa structure et comprendre son rôle qu'il y a moins d'un demi-siècle. Notre regard sur ce que nous considérons comme « inanimé » ou comme « vivant » en a été bouleversé.

Cette molécule, l'A.D.N., est le seul objet connu doté d'un pouvoir qui modifie radicalement son rapport avec la durée : elle est capable de faire une copie d'elle-même, de se reproduire ; du coup, elle défie le pouvoir destructeur du temps. Il ne s'agit nullement d'un miracle, d'une exception aux lois qui régissent les rapports entre les particules. Il se trouve que les groupes d'atomes qui la constituent ont des propriétés tout à fait classiques d'attraction et de répulsion, qui provoquent la dissociation d'un A.D.N. en deux moitiés capables, chacune, de reconstituer la moitié complémentaire, donc de remplacer un A.D.N. par deux A.D.N. identiques. De ce fait l'A.D.N. est indestructible.

Plus exactement, ses pouvoirs ne peuvent pas plus disparaître que les informations qui seraient inscrites dans un livre capable de produire une copie de lui-même. Si un A.D.N. sait provoquer, compte tenu de sa structure, tel processus, ce savoir est définitivement acquis. Peu à peu les A.D.N. ont accumulé de tels savoirs ; ils ont géré la synthèse de molécules complexes, les protéines ; celles-ci se sont rassemblées en un objet au sein duquel leurs interactions ont mis en place des métabolismes tels que la respiration ou la digestion ; impressionnés par ces performances, nous regardons ces objets comme « vivants ».

Avec le mot de « vie », nous donnons l'impression qu'ils ont bénéficié d'une autre source d'existence que celle fournie par les constituants élémentaires dont ils sont faits ; ils auraient, en plus de ces éléments, reçu une « vie » mystérieuse.

Depuis toujours c'est l'explication que les hommes ont admise devant les capacités parfois fabuleuses de ces êtres qui savent réagir, résister, se reproduire, procréer. Combien est grande la différence entre ce que sait faire un cristal et ce que sait faire une bactérie, entre l'eau du ruisseau et l'oiseau sur la branche ! Les premiers sont de simples objets inanimés ; les seconds semblent avoir reçu un cadeau supplémentaire : ils sont « vivants ».

Et l'on s'interroge avec passion sur l'origine de cette vie et sur la date de son apparition sur la planète. Questions sans réponses, car questions sans contenu.

La vie n'est pas apparue ; la mise en place de pouvoirs toujours plus décisifs, commencée avec la constitution de la Terre, s'est poursuivie. Au cours de cette progression, certains seuils ont été dépassés ; les objets bénéficiaires de ces dépassements ont été dotés d'une capacité de réaction si efficace qu'ils ont pu échapper aux agressions du milieu et même avoir prise sur ce milieu. Cette vie n'est pas le résultat d'un événement ponctuel, d'une fracture dans l'évolution continue de l'univers ; elle n'est même pas une caractéristique définissable, sinon arbitrairement en énumérant les capacités qui nous conduisent à inclure tel objet dans la catégorie des vivants. La seule frontière est celle de notre émerveillement.

Cet émerveillement, François l'étend à l'ensemble de la création ; il y inclut même le vent qui n'est pas un objet, mais mouvement de l'air impalpable. De même, le physicien d'aujourd'hui comprend dans sa panoplie de particules les bosons qui ne sont ni quarks ni leptons, mais véhicules des forces qui s'exercent entre eux. François n'imagine pas de frontières entre l'inanimé et le vivant, entre les pierres, les animaux et les hommes ; il ne limite pas son émerveillement à ce qui lui semble proche de lui-même. Il n'est pas un étranger dans l'univers : il en est un élément ; il est joyeux d'en faire partie, sans vanité, mais avec l'orgueil légitime de celui qui sait contempler ce qui l'entoure en l'enrichissant de son regard. Et il loue la source de cette richesse, le Créateur.

De la création à l'action

Voilà un mot que le scientifique d'aujourd'hui s'interdit d'employer. Il serait trop facile d'expliquer les événements en admettant qu'un dieu intervient pour les provoquer. Ce serait revenir à l'état d'esprit des Grecs qui ont été des maîtres en art et en philosophie, mais de piètres élèves en physique. Pour autant, les physiciens d'aujourd'hui ne se privent pas de poser des questions à propos des origines du cosmos, et se trouvent face à un mystère qui aurait réjoui François.

Pour que l'univers, partant de l'état initial quasi homogène révélé par l'observation du rayonnement qui emplit les espaces intergalactiques, ait pu se transformer en un peu plus d'une dizaine de milliards d'années et devenir celui qui nous entoure, pour que l'élan vers toujours plus de complexité ait pu ne pas se ralentir, il a fallu que les interactions à l'œuvre entre les éléments aient très exactement les intensités qu'elles ont réellement. Il aurait suffi que l'une des « constantes » décrivant la gravitation, la force électromagnétique ou les forces nucléaires soit légèrement différente pour que le déroulement des événements bifurque vers une tout autre direction, mettant en place un univers pauvre, fade, indifférencié, dans lequel l'homme n'aurait pu apparaître.

La surprise devant un ajustement aussi fin a conduit quelques chercheurs à proposer le « principe anthropique » : selon eux, l'univers est construit de telle sorte qu'il aboutit nécessairement à l'apparition de l'humanité. Une telle position revient à adopter une attitude finaliste acceptant l'idée que l'univers a un objectif et qu'il ne peut pas ne pas s'en approcher.

Ce finalisme est à l'opposé de la règle du jeu du raisonnement scientifique.

Comment faire face alors à cette interrogation ? Faut-il vraiment chercher une réponse ?

C'est un fait, nous constatons des coïncidences troublantes, admirables : l'univers est agencé de telle sorte qu'il pouvait nous produire. Ce n'est guère qu'une lapalissade, puisque nous existons. Si aucune intention n'est sous-jacente, si le réel s'est trouvé simplement désigné par un jeu aléatoire parmi d'innombrables possibles, émerveillons-nous de notre chance : la loterie nous a permis d'exister.

Si intention il y a, si le devenir de l'univers est entre les mains d'un Créateur, remercions-le de sa bonté ; il nous a désirés.

Dans les deux cas nous sommes proches de François ; dans le premier nous partageons son émerveillement, dans le second son action de grâce.

Cette proximité n'est pas seulement une satisfaction de l'esprit ; elle peut être une aide dans la recherche d'une direction à choisir. Car la compréhension des mécanismes qui permettent aux êtres « vivants » de se développer, de lutter contre les agressions du milieu et surtout de se reproduire — pour les uns —, de procréer — pour d'autres — vient, depuis peu d'années, de déboucher sur des possibilités d'action. À tous les stades nous pouvons intervenir, manipuler. Ce qui, depuis toujours, se produisait dans le secret des organes sexuels, se déroule sous le microscope. Nous sommes passés du rôle passif de spectateurs facilement leurrés par les apparences, au rôle d'acteurs capables de modifier le déroulement de la pièce. Nous sommes devenus des co-créateurs.

Ce qui nous entoure dépend désormais de nous. Des évolutions qui nécessitaient des processus s'étirant sur des milliers de générations peuvent être réalisées immédiatement. Et même des innovations qu'aucune mutation n'aurait pu produire peuvent être obtenues à la demande dans les laboratoires. Ainsi savons-nous insérer dans le patrimoine génétique d'une bactérie un gène spécifiquement humain, tel que celui de l'insuline : ce gène fonctionne comme s'il était dans le noyau d'une cellule intégrée dans l'organisme d'un être humain, l'enzyme est produite et peut être utilisée pour soigner les diabétiques. Nous savons transformer les bactéries en esclaves capables de nous fournir à peu de frais des médicaments parfaitement efficaces. Qui oserait s'en plaindre ?

Mais nous sommes aussi en mesure de fabriquer des êtres hybrides dont une partie du corps est celle d'un poulet et l'autre celle d'une caille. Les accouplements les plus extravagants n'auraient pu aboutir à ces animaux, bien vivants, qui donnent réalité à des fantasmes moyenâgeux. Pourquoi s'arrêter en si bon chemin et renoncer à appliquer ces techniques à notre propre espèce, obtenant ainsi des êtres dont on ne saura plus s'ils sont hommes ou animaux. Il semble que tout soit possible ou risque de le devenir très bientôt. Nous avions l'habitude de saluer toute avancée de la recherche comme une victoire. Aujourd'hui, nous n'osons plus être systématiquement satisfaits.

Le cas le plus troublant est sans doute notre victoire sur le virus de la variole, cette horrible maladie qui tuait chaque année plusieurs millions d'êtres humains. Ce virus a été si bien pourchassé qu'il a disparu de notre environnement depuis 1977 ; il n'en reste que quelques souches soigneusement enfermées dans des laboratoires. Il serait facile de les détruire et d'éliminer définitivement de la surface de la Terre cet ennemi mortel. Ce geste n'a pas été fait. La question : « Les hommes ont-ils le droit de supprimer délibérément une espèce qui fait partie du patrimoine biologique de la planète, si dangereuse soit-elle ? » n'a pas reçu de réponse. Certes, l'espèce « virus de la variole » est horriblement néfaste pour la nôtre, mais qui sait à quels équilibres globaux elle participe ? Notre timidité devant une destruction apparemment raisonnable est révélatrice d'un trouble profond.

Ce trouble est surtout manifeste lorsqu'il s'agit de notre propre patrimoine, de la collection de gènes qui fait de chacun de nous un membre de l'espèce *Homo*. Plusieurs milliers de maladies, pour la plupart très graves, sont directement liées à des gènes que les chercheurs parviennent peu à peu à localiser sur les chromosomes. Nous savons parfois déjouer leur action, et parvenons à les neutraliser. Tel est le cas pour la phényl-cétonurie, qui détruisait le système nerveux central des enfants et qui est maintenant évitée grâce à un régime alimentaire approprié. Mais la solution la plus radicale consisterait à modifier ces gènes eux-mêmes.

L'organisme qui a reçu, lors de la conception, un gène délétère peut se développer et fonctionner normalement si l'on parvient à introduire dans les cellules concernées un gène sain qui se substituera au gène initial. Cette thérapie, dite « somatique », ne suscite que peu d'opposition. Plus efficace pour l'ensemble de la collectivité serait la thérapie « germinale », qui empêcherait la transmission de ce gène à la génération suivante. La victoire contre l'affection serait totale et définitive si aucun enfant procréé ne recevait ce gène. Pourtant, de telles actions sont interdites au nom de la préservation de l'intégrité de l'espèce. La plupart des législations les proscrivent. Il semble cependant que cette attitude soit abusivement prudente. Les quelques changements réalisables n'auraient guère de conséquences pour l'avenir du patrimoine génétique collectif. Peut-être ne s'agit-il que d'une timidité excessive et provisoire face à des possibilités d'action sur nous-mêmes que nous rencontrons pour la première fois.

L'époque du confort intellectuel où tout pouvoir nouveau pouvait être considéré comme un progrès est bien révolue. Nous entrons dans une ère nouvelle, sans doute définitive, d'interrogations et de doutes. Il faut pourtant prendre une décision. Ne plus faire de recherches, ne pas utiliser les possibilités nouvelles d'action fournies par une meilleure compréhension, c'est faire un choix tout aussi lourd de conséquences que la poursuite aveugle de l'efficacité à court terme. Quelle orientation adopter ?

François était-il confronté à des angoisses de même nature, même si elles étaient nourries de questions tout autres ? À son époque, les hommes n'avaient guère le moyen de s'opposer aux forces de la nature, au déferlement des épidémies, à la destruction des corps par d'horribles maladies, telle la répugnante lèpre. Les causes de ces catastrophes individuelles ou collectives étaient complètement inconnues ; la meilleure explication, du moins celle qui était le plus facilement acceptée, était la punition d'un péché, la vengeance divine. La question alors n'était pas « comment soigner ? » puisque aucun moyen n'était disponible, mais « comment se comporter avec les malades ? ». L'attitude collective correspondait à une mise à l'écart. Pour éviter la contagion, tout contact était prohibé avec les lépreux. Ceux-ci ne pouvaient parcourir les chemins qu'en agitant une crécelle signalant leur approche. La bonne conscience des chrétiens, affichant leur amour du prochain, était retrouvée en admettant que la maladie était le signe visible d'une punition provoquée par une faute cachée.

Près d'Assise, une léproserie recueillait de nombreux malades. Leur aspect et leur odeur écœuraient le jeune François. Durant son adolescence vouée aux plaisirs, il évitait de s'en approcher. Mais, dans la chapelle en ruine de San Damiano, l'image du Christ en croix a parlé. François n'a plus qu'une obsession : consacrer sa vie aux hommes, suivre l'exemple du crucifié, se donner à l'Amour. Peu après cette révélation, ce bouleversement de tout son être, parcourant la campagne, il rencontre un lépreux. Au lieu de s'éloigner, il va à lui et dépose un baiser sur cette face qui n'est qu'une plaie répugnante. Pour lui, le malade n'est pas un réprouvé que Dieu châtie, il est un frère qu'il faut aimer, qui est digne de cet amour. Sa joie, il la trouve non en la protection de son confort, de sa santé, mais dans la réaction qui lui permet de dépasser sa répulsion, de découvrir un prochain dans le corps de celui dont la chair déjà devient pourriture. Et d'y trouver ce qu'il appelle Dieu.

Face à la mort

Nous ne sommes guère confrontés aujourd'hui, tout au moins dans nos pays « développés », à de tels spectacles. Nous prenons bien soin de dissimuler les aspects sordides de la maladie. Le malade, à l'hôpital, devient un patient qui disparaît derrière un appareillage technique complexe permettant à son organisme de poursuivre ses fonctions. Au nom de l'efficacité, il n'est plus qu'un objet dont la seule caractéristique prise en compte est précisément la maladie. Cette réification occulte la dimension dramatique de l'offensive de la mort et permet de ne pas poser les questions soulevées par la tragédie vécue.

En dépit de ce refoulement, ces questions ressurgissent ; nous ne pouvons finalement faire l'économie de nos angoisses. Face à la maladie, nous pouvons prétendre n'être que des techniciens qui se battent pour détourner la fatalité, modifier les processus destructeurs, prolonger la « vie ». Mais, nous le savons bien, l'aboutissement plus ou moins lointain, est toujours la victoire de la mort. Donc notre défaite. Cette bataille perdue était-elle inutile ?

François répond en échappant à cette logique. Son émerveillement devant les membres de sa famille que sont les oiseaux, les arbres, le soleil ou l'eau, s'étend à ce parent redouté, la mort. Elle n'est pas notre ennemie, elle est notre sœur : « Notre sœur, la mort corporelle à qui nul vivant ne peut échapper. » Cette mort, regardée comme un interlocuteur bienveillant, n'a pas les traits hideux du squelette armé d'une faux que les peintures représentent, elle est une des rencontres qui rythment notre parcours, un de ces événements, joyeux ou tristes, une de ces personnes, accueillantes ou fermées, qui nous ont aidés à devenir ce que nous sommes. Elle est la dernière rencontre, celle qui ouvre sur l'ultime porte.

Pour François, après cette porte vient l'accomplissement. La franchir est l'acte qui donne sens à tout ce qui a précédé. Ce franchissement prend l'allure non d'un événement subi, mais d'un souhait enfin exaucé. Quelques siècles plus tard, un homme bien éloigné de François, Montaigne, remplacera le terme « mort » évoquant un fait ponctuel, par le mot « mourir » évoquant un passage. Pour lui aussi, les instants ultimes font partie de la richesse accumulée au cours de la durée de vie qui nous a été accordée. Le problème est de savoir comment faire pour qu'ils ne soient pas gâchés.

Or, les progrès mêmes de notre technologie nous conduisent à les gâcher bien souvent. Pour lutter contre l'arrêt définitif de l'organisme, nous multiplions les appareils qui se substituent aux mécanismes biologiques défaillants. Peu à peu, le corps est remplacé par un ensemble de machines. L'échéance finale peut être reportée presque sans limite ; la fin résulte non d'un événement naturel mais d'une décision extérieure. N'ayant plus d'espoir, l'équipe médicale décide de débrancher les divers circuits. Certes, tout cet enchaînement de gestes n'a eu pour objectif que le bien du malade ; dans certains cas, il peut ainsi passer un cap difficile et retrouver la santé ; mais le plus souvent il s'enfonce dans l'inconscience et meurt sans le savoir. On lui a volé son « mourir ».

Face à cet échec, aucune solution évidente ne peut être proposée. Refuser l'aide de la technique s'apparente au fait de ne pas porter secours à personne en danger. Le choix de ceux à qui cette aide est apportée peut aboutir à une sélection qui conduit facilement à l'acceptation de l'euthanasie des personnes jugées indésirables. Mais s'acharner à faire vivre un organisme n'est pas forcément respecter la personne. Faut-il s'efforcer de prolonger ou chercher à obtenir un « mourir » conscient ?

Il est peu probable qu'à de telles interrogations, une société puisse répondre par des règles bien codifiées définissant dans chaque cas particulier la conduite à tenir. Les responsables, c'est-à-dire les personnes entourant le mourant, seront définitivement devant la nécessité d'agir pour le compte de celui-ci, alors qu'il est souvent dans l'impossibilité d'exprimer sa volonté, ou même de la formuler intérieurement. Quels impératifs privilégier ? Y réfléchir avec François ne donne pas la certitude d'adopter l'attitude la « meilleure », mais peut aider à cheminer de doutes en inquiétudes, en sentant à nos côtés la présence d'un ami.

Cet ami a été le chantre de la vie, et il a su regarder la mort comme un fiancé regarde sa promise. Incohérence ? Non : compréhension de la valeur donnée à la vie par la mort et à la mort par la vie. C'est l'existence d'une échéance inévitable qui donne leur goût aux instants vécus. Ce goût est si agréable que nous souhaitons reculer aussi loin que possible celui d'entre eux qui sera le dernier ; le reculer oui, non l'abolir.

La plus belle victoire des hommes a été le recul de la mort des enfants. La nature en condamnait plus de la moitié à disparaître au cours de leur première année ; aujourd'hui, nous avons si bien combattu, nous avons si bien compris les mécanismes dont ils étaient victimes, que ce tribut est ramené à moins de un sur cent. Nous pouvons en être fiers. Mais chaque enfant arraché à la mort devient un homme promis à la mort. Pour autant nous aurions tort de penser « À quoi bon ? », car il ne s'agit pas de la même mort. Celle d'un enfant est scandaleuse, dépourvue de sens ; c'est un livre qui brûle avant d'avoir été lu. Celle d'un vieillard donne cohérence à ce qui a précédé ; lecteur de lui-même, il atteint le dernier chapitre ; peut-être y trouve-t-il la clé si longtemps cherchée en vain.

J'atteins l'âge où l'espérance de vie n'est plus mesurée par un nombre si grand qu'on puisse le confondre avec l'infini. Il n'y a pas si longtemps, j'étais pratiquement immortel. Cette illusion n'est plus possible. Curieuse expression cette « espérance de vie » ; en fait il s'agit d'un concept mathématique : le nombre d'années qui me restent à vivre est inconnu, il est une « variable aléatoire » ; grâce aux statistiques démographiques, je peux calculer la probabilité de chacune des durées de vie possibles ; la moyenne de toutes ces durées pondérées par leurs probabilités est mon « espérance de vie ». Rien d'exaltant dans ce calcul. Les données utilisées sont les âges de décès de mes concitoyens. Tout le raisonnement repose sur l'hypothèse que je suis un individu tiré au sort parmi eux. Comment ne pas se révolter devant cette hypothèse, qui fait de moi une boule dans une urne ?

Compter les années, ou les jours, qu'il me reste à parcourir n'a finalement aucun intérêt. Seul compte l'usage que, heure après heure, je serai capable d'en faire, sans trop m'interroger sur l'« après ». Pour certains, cet « après » sera la rencontre de l'inimaginable ; ils l'attendent avec confiance, presque avec impatience. Pour moi il ne « sera » pas ; le verbe « être » aura perdu toute réalité.

Lorsque François évoque sa sœur la mort, il précise « la mort corporelle ». C'est une sœur charnelle, compagne de la fin de notre vie, compagne donc des instants où nous sommes vivants. Elle est du même côté que nous du grand rideau noir sur lequel nous allons butter. Elle nous aide à nous en approcher. Est-elle encore là lorsque nous le traversons ?

Islam et chrétienté

DANS LA VISION des contemporains de François, la Terre des hommes ne s'étend guère au-delà des nations qui jouxtent la Méditerranée. Aller en Orient, c'est aller au bout du monde. La planète est alors peuplée d'à peine trois cent millions d'hommes, dont les deux tiers vivent en Europe et dans ce que nous appelons maintenant le Moyen-Orient. Au cours de la première moitié de l'ère chrétienne, ni cet effectif global, ni sa répartition géographique n'ont subi de grands changements ; l'humanité, telle que la décrivent les recensements, est stable. L'appartenance à une nation est moins ressentie que l'appartenance à une religion, le monde est peuplé de chrétiens et de païens. Or, entre les chrétiens et les plus proches de ces païens, les musulmans, c'est la guerre.

Aujourd'hui les hommes sont vingt fois plus nombreux. Leur répartition sur les divers continents a été bouleversée et le sera plus encore au cours des prochaines décennies. Les principales difficultés que rencontreront les générations futures découleront de cette évolution.

Idéologie et démographie

Les grands ensembles humains sont définis moins par le continent qui les abrite que par l'idéologie, et notamment la religion à laquelle ils adhèrent. C'est en fonction de ces idéologies qu'il faut caractériser les évolutions. À la suite du démographe Bourgeois-Pichat, répartissons l'ensemble des populations en quatre grands groupes d'importances sensiblement égales : les peuples de tradition judéo-chrétienne ; l'Islam ; la Chine et les « autres ». En 1990, les premiers (où l'on a compris les régimes « marxistes ») représentaient la part la plus importante, soit 30 p.100. Puis venait l'ensemble des « autres » avec 30 p.100 suivi de la Chine qui constituait 22 p.100, et enfin l'Islam avec 18 p.100.

Dans une génération, vers l'an 2025, ces proportions seront devenues : 25 p.100, 26 p.100, 18 p.100 et 31 p.100. En raison de sa politique de limitation des naissances, d'une terrible efficacité, la Chine aura perdu une part de son importance, mais plus encore les peuples judéo-chrétiens, malgré l'explosion démographique à peine ralentie de l'Amérique latine. Le grand vainqueur sera l'Islam, qui rassemblera près d'un tiers de l'humanité.

Les projections pour des futurs plus lointains sont évidemment soumises à des risques d'erreurs plus importants. Dans la mesure où les prévisions d'évolution des niveaux de fécondité et de mortalité seront vérifiées, la répartition sera en l'an 2100, soit, dans à peine plus d'un siècle : judéo-chrétiens : 20 p.100, Islam : 40 p.100, Chine : 14 p.100, autres : 26 p.100.

Ces évolutions, il faut le souligner, ne résulteront pas de conversions d'une religion à l'autre, comme il s'en est tant produits au cours des siècles. Ne sont ici prises en compte que les différences de dynamisme démographique.

Pour nous, Occidentaux, qui sommes depuis quatorze siècles en contact avec l'Islam, voilà sans doute le changement essentiel : notre tradition était, il y a peu, partagée par deux fois plus d'humains que la tradition islamique ; dans un siècle, elle le sera par deux fois moins. Le rapport de l'influence sur les esprits se sera inversé. Ce mouvement de bascule sera certainement plus lourd de conséquences pour l'ensemble de l'humanité que toutes les guerres menées par les politiques et les militaires ou les succès épisodiques des marchands et des banquiers.

Dans une région qui nous intéresse particulièrement, la Méditerranée, cette transformation de la donne humaine des problèmes sera d'une rapidité inouïe. Cette mer, autour de laquelle ont été forgés tous les concepts grâce auxquels nous décryptons l'univers et nous nous déchiffrons nous-mêmes, est bordée par seize pays (en comptant pour un ceux de l'ex-Yougoslavie). Ils totalisent ensemble, en 1992, 392 millions d'habitants. Ceux de tradition judéo-chrétienne (les États européens sauf l'Albanie, et Israël) en comptent 190 millions, ceux de tradition islamique 202 millions ; l'égalité est presque parfaite. Dans une génération, en 2025, ces deux nombres seront de 199 et 355, soit un total de 554 millions. L'influence islamique sera devenue largement prédominante.

Il est clair que l'histoire des peuples méditerranéens pour les décennies à venir sera pour l'essentiel la conséquence de ces bouleversements démographiques. Ils sont d'une telle ampleur que notre imagination n'est pas capable de les prendre en compte. Lorsque la France a pris possession de l'Algérie en 1830, la population de ce pays ne dépassait pas 2 millions d'habitants ; lors de l'indépendance retrouvée en 1962, les 10 millions étaient atteints ; aujourd'hui, cet effectif dépasse 26 millions, il aura encore doublé en l'an 2025. La population de l'Algérie sera alors à peine inférieure à celle de la France, et la dépassera quelques années plus tard. De même l'Égypte, telle que nous l'avons connue dans nos livres d'histoire, était une nation de faible poids démographique : aujourd'hui, elle a exactement le même poids que la France, et pèsera moitié plus dans une génération.

Méfions-nous du retard de notre regard sur la réalité. Nous réagissons à partir d'images que les transformations du monde rendent obsolètes.

Certes, tous les hommes ne pèsent pas également sur le destin d'une région. Un pauvre fellah du delta du Nil peut-il être comparé à un chef d'entreprise de Lyon ou de Milan ? N'avons-nous pas, en énumérant ces effectifs, réduit notre description de la Méditerranée, à une vision abusivement arithmétique ? En pondérant les effectifs pour tenir compte de l'influence réelle, nous redonnerions une place prépondérante à l'ensemble judéo-chrétien. Mais ce faisant, nous raisonnerions en niant l'essence même de cette idéologie. Le cœur du message n'est-il pas que les hommes sont égaux, non en nature, mais en droit ? Si nous voulons ne pas travestir ce message, il nous faut admettre que dans les choix qui orientent l'avenir, le fellah musulman a exactement la même importance que le grand patron chrétien. Les 400 millions de méditerranéens d'aujourd'hui, les 550 millions de demain doivent se regarder les uns les autres en restant fidèles à la conception de l'homme proposée par ceux qui ont profité de la lumière de ces lieux privilégiés, et ce regard impose un égal respect pour tous.

Le défi peut sembler impossible. Il est facile pour un philosophe ou pour un théologien de parler de l'égalité des hommes ; mais ils n'ont pas en charge la conduite de ces hommes. Les politiciens, les entrepreneurs, sont, eux, des citoyens responsables ; dans leurs discours, ils acceptent volontiers d'évoquer l'idéal d'égalité ; mais, dans leurs actes concrets, ils se comportent comme si cet idéal n'était bon que pour les songe-creux. La tentation est grande de résoudre le problème posé par le déséquilibre démographique de la Méditerranée en acceptant la domination des plus forts et la soumission des plus faibles.

Or, un exemple nous permet de lutter efficacement contre cette tentation : celui de François.

François et l'Islam

À vingt-deux ans, François était parti d'Assise pour une chevauchée espérée glorieuse ; elle s'était piteusement terminée le soir même à Spolète. À cette époque, la quatrième croisade s'achevait dans la confusion. Au lieu d'aller reprendre Jérusalem au sultan d'Égypte, les croisés se contentèrent de prendre d'assaut Byzance et de mettre la ville à sac. L'objectif exaltant aboutissait à une ignoble entreprise de brigandage.

Le tombeau du Christ restait en la possession des musulmans ; une cinquième croisade fut prêchée à partir de 1216. Il n'était plus question pour François d'y participer comme un chevalier ; son ambition s'était radicalement transformée : non plus combattre et vaincre, mais convertir. Dix ans après les premiers ralliements de quelques compagnons venus l'imiter, l'ordre qu'il avait fondé sans même le vouloir comportait plus de cinq mille frères. Comme chaque année, ils s'étaient rassemblés autour de la chapelle de la Portioncule, le dimanche de Pentecôte 1219 ; cette foule était la preuve vivante de l'influence de la parole franciscaine dans l'Église et dans toute la société. Les bases étaient solides ; François pouvait s'éloigner un temps.

Les paroles de l'Évangile qu'il avait si bien su faire entendre aux chrétiens, il voulait les faire retentir face au chef des Sarrasins, le sultan Malik al-Kamil. Sans doute n'avait-il guère l'espoir de lui faire embrasser la religion du Christ ; mais la possibilité d'être puni pour son audace et de subir le martyre était pour lui une raison supplémentaire d'aller au bout de sa tentative. Il s'embarqua donc pour l'Orient et rejoignit les croisés. Alors que ceux-ci venaient d'essuyer un grand échec en tentant en vain de prendre d'assaut Damiette où résidait le sultan, François, accompagné d'un frère, se présenta aux portes de la ville et demanda à rencontrer Malik. Celui-ci accepta et la rencontre se déroula le mieux du monde. Le sultan écouta François avec intérêt ; il le pria de rester quelques jours dans son palais, puis le fit reconduire en le munissant d'un sauf-conduit pour aller se recueillir sur les lieux saints.

Quelques semaines plus tard, les croisés se montrèrent beaucoup moins tolérants. Leur second assaut leur permit d'entrer dans Damiette, où ils massacrèrent soldats et population. Les cadavres furent si nombreux qu'une épidémie de peste empêcha l'entrée du légat du pape dans la ville conquise. François fut témoin de ces tueries commises au nom de la croix ; mais il ne perdait pas l'espoir de répandre partout sur la Terre le message d'amour qu'il avait reçu.

Il poursuivit sa prédication en Orient parmi les chrétiens des territoires encore possession franque, et faisait des projets pour aller chez les infidèles, lorsque de mauvaises nouvelles reçues d'Italie l'obligèrent à revenir pour rétablir la santé de l'ordre.

Que resta-t-il dans l'esprit du sultan de cette rencontre avec un homme représentant la religion honnie, religion qui tentait de s'imposer par la force des armes et dont les chefs ne reculaient devant aucune violence pour l'emporter ? Il semble qu'il n'oublia pas le sourire de François, sa douceur dans l'expression d'une foi sans limite. Peut-être ce souvenir fut-il décisif lorsqu'il décida, dix années plus tard, alors qu'aucune force ne l'y contraignait, de rendre Jérusalem aux chrétiens. Ce que les armées venues d'Europe n'avaient pu obtenir, l'intelligence et la tolérance de Malik al-Kamil permettraient à l'islam de l'offrir. Sans doute le regard clair de François, qui était mort trois ans auparavant et venait d'être canonisé par l'Église, avait-il poursuivi son lent travail dans la conscience de cet homme ouvert à la pensée des autres.

Nord contre Sud

Cet épisode vieux de sept siècles peut aider à trouver des pistes pour éviter la confrontation que risque fort de provoquer l'évolution démographique des décennies prochaines.

La réaction spontanée des États méditerranéens classés comme judéo-chrétiens est de défendre leur territoire devant l'« invasion » prévisible des hommes en surnombre dans les États classés musulmans. En réalité, cette distinction fondée sur la religion cache la véritable opposition : celle du « Nord » contre le « Sud », et surtout des riches contre les pauvres.

Cette richesse et cette pauvreté sont difficiles à mesurer, mais un ordre de grandeur est obtenu en comparant les produits nationaux bruts tels qu'ils sont calculés par les Nations unies. Au total, les six États du Nord disposent, au début de la décennie 1990, d'une production équivalant à 2 680 milliards de dollars ; les dix États du Sud totalisent 260 milliards de dollars, soit dix fois moins, alors que les populations, nous l'avons vu, sont presque égales. Autrement dit, le revenu moyen par habitant est de 14 000 dollars au Nord, de 1 300 dollars au Sud.

Même si l'on met en doute la précision de ces estimations, un écart du simple au décuple est significatif d'un fossé d'une ampleur insupportable, qui n'a sans doute jamais été aussi important. Au XIIIe siècle, les richesses disponibles étaient bien sûr très inférieures à leur niveau actuel, mais si les écarts étaient grands entre les riches et les pauvres au cœur d'une même population, ils ne l'étaient guère entre les populations. Si différence il y avait entre le Nord et le Sud de la Méditerranée, elle devait être au profit du Sud.

La civilisation islamique avait alors produit des chefs-d'œuvre en art ou en lettres qui dépassaient largement ce que l'Europe était capable de créer. La science venait alors du Sud et de l'Orient. Le premier livre d'algèbre « al-jabr » avait été composé à Bagdad au IXe siècle, sa traduction en latin n'avait été diffusée en Italie qu'au début du XIIIe. Chez les chrétiens, la culture de Byzance dépassait largement celle de Rome ; l'écart dans le développement des techniques représentait un véritable abîme : l'extraordinaire basilique Sainte-Sophie avait été édifiée à Byzance au VIe siècle ; les premières cathédrales gothiques ne sont apparues en France que cinq siècles plus tard. « Civilisé » signifiait alors plutôt oriental qu'occidental.

Lorsque François s'embarqua pour la Palestine, il n'avait nullement l'impression d'aller vers un « tiers-monde » attardé. Le seul tort des habitants de ces pays était d'avoir embrassé une religion qui n'était pas celle du Christ. L'attitude intégriste du catholicisme romain faisait de la parole du pape la seule source de vérité ; soumis à l'Église, François ne pouvait que désirer convertir tous les peuples à cette parole, mais ce désir n'impliquait aucun mépris. Le rejet de l'islam n'était d'ailleurs pas plus violent que celui des diverses hérésies chrétiennes, cathares ou bogomiles.

Aujourd'hui, les réussites techniques des nations occidentales engendrent une attitude arrogante face à tout ce qui n'est pas conforme à leurs normes. La pauvreté des peuples « du Sud » est facilement imputée à leur paresse ou à leur incapacité à se doter de structures administratives efficaces. Ils sont regardés comme responsables de leur enfoncement dans une misère toujours plus profonde. Une analyse plus lucide est nécessaire ; elle met en évidence des responsabilités partagées. La mise sous tutelle pendant plus d'un siècle du Maghreb par la France, comme l'impérialisme britannique sévissant en Palestine et en Égypte, ont laissé des traces durables ; c'est donc collectivement que les États méditerranéens doivent chercher des solutions.

En fait, c'est sur l'ensemble de la planète que les

hommes d'aujourd'hui sont confrontés à des problèmes qu'ils ne peuvent résoudre les uns sans les autres. Les processus qui aboutissent à la misère croissante de certains peuples et à des explosions de violence menaçantes pour tous impliquent la totalité des Terriens. La recherche d'un « nouvel ordre mondial » apparaît comme une nécessité, mais la complexité des interactions ne permet guère de formuler des projets crédibles. Une avancée vers un monde moins lourd de dangers peut sans doute être obtenue en cherchant à traiter des problèmes non plus planétaires, mais locaux.

Dans cette voie, l'ensemble des peuples méditerranéens fournit un champ de recherche et d'action permettant d'obtenir des résultats concrets en des délais relativement courts. Ils sont susceptibles de constituer un véritable « laboratoire », dont les résultats pourront servir de référence à d'autres régions.

Vers une Communauté culturelle méditerranéenne

Les problèmes posés par la coexistence des peuples méditerranéens, en une période où les déséquilibres entre eux s'accentuent, ne peuvent trouver de solutions que si ces peuples sont capables de prendre conscience de ce qu'ils ont en commun et de considérer comme précieux mais secondaire ce qui les différencie.

Très tôt, ces peuples ont su naviguer ; la mer est devenue le trait d'union entre eux. Ils ont échangé des biens et créé une certaine communauté économique. Mais, dans les conditions actuelles, se borner au domaine de l'économie pour imaginer un avenir commun risque fort de mettre en évidence des motifs de compétition, donc de conflits. Certes, ces conflits devront un jour être résolus, mais il serait de mauvaise stratégie de les affronter en premier. La mise en cohérence doit être recherchée pour commencer dans un tout autre domaine. Pourquoi pas la culture ?

Les peuples de la Méditerranée, a remarqué Jean Fourastié, ont pu, grâce au climat qui permet de construire des bâtiments pourvus de larges ouvertures, voir clair à l'intérieur de leurs habitations, avant même que le verre ait été inventé. Pour eux, le premier don de la nature est la lumière. Leurs talents de navigateurs leur ont permis d'échanger non seulement des marchandises mais des idées, des explications du monde, des projets. Bien sûr, chacun a imaginé ses propres mythes, donné des noms à ses propres dieux : mais, derrière ces divergences, un noyau commun s'est peu à peu constitué. À la suite du pharaon Akhénaton, l'unicité de Dieu a été adoptée comme une évidence.

Quatorze siècles avant J.-C., ce pharaon était le

quatrième régnant sous le nom d'Aménophis. Ses prédécesseurs avaient fait de l'Égypte un empire solide s'étendant sur une partie de l'Afrique et de l'Asie. Les échanges avec les peuples voisins étaient intenses, ils transformaient le style et les techniques des constructeurs : les temples devenaient moins lourds, moins massifs, moins anguleux. Ils transformaient aussi la religion : celle-ci s'ouvrait aux influences étrangères et s'enrichissait de dieux nouveaux. Ils transformaient les coutumes, y compris pour le mariage du pharaon : Aménophis n'épousa pas une parente comme le voulait la tradition, mais la belle Néfertiti.

Dès les premières années de son règne, il marqua une rupture avec le mode de vie antérieur ; il abandonna Thèbes et construisit une nouvelle capitale ; il supprima le culte des anciens dieux au profit du seul Aton, représenté non comme un homme ou un animal mais comme un cercle, symbolisant le soleil ; il fut la source de toute puissance, de toute vie. Au cours de la sixième année de ce règne, il changea de nom ; il ne fut plus « Aménophis », signifiant « Amon est satisfait », mais « Akhénaton » : « celui qui sert Aton ».

À ce dieu, Akhénaton a adressé un merveilleux hymne de louange. Il le remercie pour tout ce qu'il a donné aux Égyptiens, mais aussi aux peuples voisins, aux peuples lointains encore inconnus, à tous les hommes, aux animaux domestiques et aux bêtes sauvages, au lion sortant de sa tanière, au poisson dans la rivière, au poussin encore dans l'œuf. Aton n'est pas, comme les dieux d'autrefois, celui qui commande, qui impose, que l'on doit craindre. Il est celui qui a tout donné à ses créatures, et que l'on doit remercier pour sa bonté.

Lorsque, vingt-sept siècles plus tard, François s'adresse à Dieu, il retrouve les mêmes accents ; lui aussi s'émerveille devant les richesses de l'univers et fait retentir un chant où il remercie celui qui en est la source.

Pour désigner cette source, qu'à la suite d'Akhénaton ils considèrent comme unique, certains méditerranéens disent aujourd'hui « Yahwé », d'autres « Dieu le Père », d'autres « Allah ». Qu'importent les mots ? Tous savent que ces noms ne sont que les pseudonymes de l'indicible, de l'inconcevable. Même la pensée de ceux qui se désintéressent de ces questions sans réponse est conditionnée par tous ces siècles de monothéisme. Certes, les cultures juives, islamiques et chrétiennes ont cheminé différemment et présentent de multiples écarts, mais il n'est pas irréaliste d'évoquer une culture méditerranéenne. Pourquoi ne pas mettre en place des structures qui concrétiseraient cette unicité profonde, à l'image de ce qui a été fait pour concrétiser l'unicité des intérêts économiques des États européens ? Une Communauté culturelle méditerranéenne, une « C.C.M. » représente un projet aussi réaliste que la Communauté économique européenne, la « C.E.E. ».

Il n'est d'ailleurs pas sûr, et c'était, semble-t-il, le sentiment d'un des créateurs de la C.E.E., Jean Monnet, qu'il ait été de bonne stratégie de commencer par l'économie. L'état de l'Europe après la guerre était tel que ce choix n'a pas été vraiment réfléchi. Il fallait avant tout recommencer à produire les biens nécessaires. Mais de nombreux problèmes auraient été évités si un effort de mise en commun avait été réalisé simultanément dans le domaine culturel. Ne commettons pas la même erreur dans la construction d'un ensemble méditerranéen.

L'objectif de la C.C.M. ne serait évidemment pas d'uniformiser les cultures, ce qui serait à la fois impossible et maléfique, mais de mettre en valeur, dans la conscience de tous, ce qui déjà est commun et dont nous ignorons l'importance. Le lieu où cet objectif pourrait être poursuivi est, bien sûr, le système éducatif.

Rôle du système éducatif

C'est là que nous avons accès au savoir, mais c'est surtout là que nous commençons à nous construire nous-mêmes en échangeant avec les autres. La personne qui émerge en chacun de nous résulte de ce que nous recevons des autres. Le « je » que nous parvenons à formuler est le produit des « tu » qui nous ont été adressés. L'essentiel de ce qui éclôt en nous vient de notre position au foyer des regards des autres. L'école est le lieu privilégié de cette transmutation. C'est à l'école que peut prendre forme une mentalité collective.

Face aux bouleversements inéluctables de nos sociétés, il faut que l'école ait la possibilité de mettre chacun en face des bifurcations possibles et de l'aider à motiver ses choix.

Parmi ces transformations, la plus urgente est notre attitude à l'égard de la procréation. Depuis toujours la fragilité des nouveaux-nés nous a conduits à assurer la pérénnité de l'espèce en utilisant au mieux la fécondité des femmes. Procréer est, dans toutes les cultures traditionnelles, un devoir majeur. Nos victoires contre la mortalité infantile ont renversé les termes de ce problème. Le danger n'est plus l'insuffisance du nombre des hommes mais l'excès de notre effectif. Procréer devient non plus un devoir, mais un droit strictement limité.

Le déséquilibre démographique entre les deux rives de la Méditerranée résulte du décalage entre les divers peuples, dans leur prise de conscience de ce bouleversement. Les peuples islamiques poursuivent le comportement traditionnel alors que les peuples judéo-chrétiens sont parvenus à arrêter leur croissance.

Dans la plupart des États, les dirigeants sont conscients du danger d'une démographie explosive ; ils savent qu'une diminution de la fécondité est nécessaire, mais ils n'ont guère de moyens d'action. Sauf à recourir à des méthodes coercitives insupportables, comme celles adoptées en Chine, la voie permettant de diminuer le nombre des naissances est l'éducation des jeunes femmes. L'expérience des jeunes Maghrébines vivant en France montre qu'elles alignent leur projet familial sur celui de leurs camarades françaises plus que sur l'exemple de leur mère. Le passage d'un régime démographique explosif à un régime d'équilibre peut donc être obtenu en à peine plus d'une génération.

Mais mettre en place un système éducatif efficace coûte fort cher ; il faut pouvoir affecter à ce secteur une part importante du revenu national ; même les pays riches éprouvent des difficultés. Pour les pauvres, la fraction de la population représentée par les jeunes est si élevée, en raison du niveau de la fécondité, que ces difficultés sont pratiquement insurmontables. L'éducation des filles est donc insuffisante et leur fécondité ne baisse que lentement. L'explosion démographique s'entretient elle-même. La « spirale vicieuse » étouffe tout espoir aussi bien d'amélioration du niveau de vie que de cheminement vers la démocratie. Comment échapper à ce déterminisme ?

La seule issue est dans une aide extérieure. C'est aux pays riches de payer le coût du système éducatif des pays pauvres. Il ne s'agit pas de faire éduquer les pauvres par les riches, ce qui serait une forme détournée de colonialisme, mais de donner aux pauvres les moyens de mettre en place le système éducatif correspondant à leur culture et à leurs options.

Dans le cas de la Méditerranée, une telle prise en charge pourrait être organisée par la C.C.M. recevant les cotisations des plus riches et faisant face aux dépenses des plus pauvres.

Cette action ne serait qu'un des aspects du rôle de cette communauté. De même que les États participant à la C.E.E. ont accepté d'abandonner, au profit de la Commission de Bruxelles, une part de leur souveraineté pour tout ce qui concerne l'activité économique, de même les États méditerranéens délégueraient à une Commission le soin de légiférer pour ce qui concerne la culture. Cette Commission siègerait en un lieu choisi comme une capitale symbolique de l'ensemble humain que représente la Méditerranée. Pourquoi pas Carthage, par exemple, ou Damiette ?

Dans l'état actuel des rapports entre les peuples, ce projet peut apparaître comme une utopie. Mais ceux qui ont fondé la C.E.E. aussitôt après un conflit effroyable ayant déchaîné les haines les plus violentes, ceux qui ont osé parier sur la coopération, puis sur un jour l'amitié, entre les peuples européens, pouvaient, à l'époque, être regardés comme des utopistes insensés.

Tout n'a pas été facile ; des blocages multiples ont été rencontrés ; mais, un demi-siècle plus tard, on peut constater que ces utopistes ont provoqué des changements irréversibles. Les conflits entre les Français et leurs voisins continentaux ne seront plus tranchés par des mitrailleuses et des canons.

Pourquoi ne pas s'engager dans la même voie avec leurs voisins maritimes d'Afrique du nord et du Moyen-Orient ?

En évoquant ces perspectives je me sens habité par l'esprit de François. J'essaie d'imaginer son enthousiasme lorsqu'il embarqua avec onze frères à Ancône, puis atteignit, un mois plus tard, Saint-Jean-d'Acre. Le monde, dans l'imaginaire d'alors, ne s'étendait guère au-delà de la Méditerranée ; l'Amérique n'aura d'existence pour les Européens que deux siècles plus tard ; l'Asie et l'Afrique, au sud du Sahara, semblaient perdues dans des lointains inaccessibles. En allant rencontrer les infidèles, c'était l'humanité entière que François tentait d'informer de la parole du Christ. Il allait réaliser son rêve : faire entendre le message de l'Évangile à tous les hommes.

Aujourd'hui, c'est de l'ensemble des hommes

qu'il faut, de toute urgence, faire une communauté. Ils doivent comprendre leur interdépendance qui rend toute domination maléfique, toute concurrence suicidaire. En plaidant pour une Communauté méditerranéenne, j'ai conscience de beaucoup trop borner mon ambition. Mais tout cheminement nécessite un premier pas ; l'important est moins sa portée que sa direction. En réalisant l'unité avec nos proches voisins, nous nous approcherons de l'unité des Terriens.

Si j'en doutais, l'exemple de François me rassurerait. Il n'aurait pas refusé d'être le parrain de ce projet. À l'entrée de l'immeuble qui abritera un jour la Commission de la C.C.M., j'imagine une vaste fresque représentant l'invraisemblable et pourtant bien réel dialogue entre François et Malik.

La leçon de Claire

J'AVAIS sept ans ; sont entrées dans notre appartement de Macon deux dames étranges, deux clarisses, tout engoncées dans leurs robes de bure marron qui faisaient d'elles des personnages lointains, inaccessibles. Ce qu'elles ont dit m'a paru incompréhensible ; je n'en ai aucun souvenir ; mais je garde en mémoire le visage jeune, ouvert, de l'une, la physionomie renfrognée de l'autre.

La première avait été l'amie préférée de maman durant son long séjour en pension, l'amie à qui l'on confie ses pensées les plus secrètes. Son prénom, Clara, avait peut-être influencé son destin. À l'âge où l'on « fonde un foyer », elle s'était sentie attirée par l'ordre de sainte Claire et avait prononcé ses vœux définitifs ; elle allait, jusqu'à sa mort, vivre cloîtrée. Maman nous racontait le drame qu'avait été cette décision pour ses parents ; drame rendu plus aigu par un incident après la cérémonie solennelle des vœux. Son père, mal orienté arriva en retard dans la chapelle où il pouvait, une dernière fois, embrasser sa fille ; il eut beau hâter ses pas, la cloche se mit à sonner au moment où il approchait ; l'heure limite était atteinte ; la porte se referma devant lui ; la règle est la règle. Il savait qu'il ne reverrait jamais sa fille ; quelques mois plus tard, il mourut.

Les autorités religieuses dont dépendait le couvent de Besançon avaient eu l'étrange idée d'envoyer quelques clarisses dans un couvent en Inde, non pour y aider les populations souffrantes, mais pour y prier dans un cloître aussi hermétiquement clos que celui de France. Le lieu où sont dites les prières a, paraît-il, une importance aux yeux de Dieu. Pour effectuer ce voyage, il avait fallu rompre la clôture, et Clara avait profité de son passage à Macon pour revoir son amie. Mais elle ne pouvait la rencontrer seule ; une clarisse assistait à l'entretien pour éviter sans doute toute confidence trop personnelle.

J'étais à l'âge de la crédulité ; j'admettais volontiers que l'Église ne pouvait se tromper ; les enseignements du catéchisme étaient nécessairement véridiques. Mais devant ce traitement inhumain d'une femme dont la douceur était rayonnante, je n'ai pu intérieurement réprimer ma révolte. Dieu est-il donc quelqu'un au nom de qui l'on martyrise ? Certes, son état d'emprisonnement, de dépendance permanente, avait été librement choisi ; mais le suicidé aussi décide librement de son acte. L'Église pourtant réprouve son choix, au point, jusqu'il y a peu, de lui refuser une sépulture chrétienne.

L'état de Clara me semblait celui d'une suicidée en sursis. Elle ne disposait plus de sa vie. Je la plaignais de s'être ainsi fourvoyée. Qu'attendait-on pour la délivrer ?

De nombreuses années plus tard, j'ai pu faire le lien entre le comportement des actuelles clarisses et l'aventure de la lointaine sainte Claire, puis entre cette aventure et celle de François. En une première réaction je lui ai trouvé une bien lourde responsabilité : François, qu'as-tu fait de Claire ?

Le bonheur dans le sacrifice

Claire avait reçu tout ce qui annonce une vie heureuse, « réussie ». Sa famille, les Offreduccio, faisait partie de la riche noblesse d'Assise ; elle était belle comme peut être belle une jeune fille de dix-huit ans ; un mariage était projeté par ses parents. Tout pouvait se dérouler comme une succession de bonheurs quotidiens ; la vie de Claire était prévisible, tracée.

Un jour, à l'église de sa paroisse, elle a entendu François prêcher. Il parlait d'amour, l'amour du Christ, qui lui avait fait abandonner toutes les satisfactions que pouvait lui apporter la société des hommes. Elle connaissait, bien sûr, les événements qui avaient transformé ce jeune homme jouisseur, affamé de plaisirs, en un ascète oubliant les besoins de son corps pour se consacrer au service du Christ. Claire partage aussitôt cet amour, au point de prendre en horreur les perspectives de mariage que lui présentent ses parents. Elle sent qu'il lui faut rompre la suite naturelle des événements qui s'enchaînent les uns les autres comme des fatalités une à une acceptées, des petits bonheurs ingurgités goutte à goutte : fiancée, épouse, mère... *Non !* Ce non, seul François peut l'aider à l'imposer.

Elle décide donc de le rencontrer en cachette, aux environs d'Assise. Pour la mettre à l'épreuve, il lui demande l'impossible ; remplacer ses beaux vêtements par un sac de toile grossière et aller mendier dans les rues. Sans hésiter, avec bonheur, elle obéit. Quelle joie de se donner au Christ ! Quelle joie de se soumettre à la volonté de François !

Quelques semaines plus tard, le dimanche des Rameaux, avec la complicité de l'évêque d'Assise, elle s'enfuit de la maison familiale, accompagnée de sa cousine Pacifica et rejoint François et ses frères à la Portioncule, une petite chapelle qu'il avait réparée après celle de San Damiano. Là, pour concrétiser leur éloignement du monde des hommes, il leur coupe les cheveux, avant de les installer dans un couvent de bénédictines voisin. La belle jeune fille, ses premiers vœux prononcés, devient sœur Claire, autour de qui, rapidement, viennent se rassembler celles qui veulent consacrer leur vie à la même passion pour le Christ.

Cette bifurcation dans la vie de Claire a une cause évidente : l'enthousiasme provoqué par la parole du Poverello. Il lui présente une vie exactement à l'opposé de celle que toute son enfance avait préparée. Elle se trouve soudain devant un choix : faire ce que l'on attend d'elle, ou s'engager dans une folle aventure, mettre sa vie entière au service d'une passion.

Cette passion, bien sûr, c'est l'amour du Christ, c'est la volonté sans limite de conformer ses actes aux objectifs qu'il a proposés. Elle n'a plus qu'un but, l'imiter. Mais Claire n'a pas entendu d'image lui parler. Les mots de l'Évangile étaient jusque-là des mots écrits dans son missel, des mots parmi d'autres. Ils sont devenus des paroles vivantes dans la bouche de François. C'est à travers lui qu'elle accède au sens de ces phrases ; de lui qu'elle reçoit les flèches qui transpercent sa raison et son cœur. Il est le point de passage entre Dieu et elle. Aimer Dieu ou aimer François ne peuvent être dissociés.

Au départ, elle calque exactement sa règle de vie sur la sienne ; l'axe central est le refus de toute propriété, qu'elle soit personnelle ou collective. Les biens nécessaires à la survie quotidienne ne seront pas amassés, ils seront reçus de la charité inspirée par Dieu aux personnes qui l'entourent. La parabole du lys des champs, qui ne file ni ne tisse et qui a pourtant la plus belle robe, est prise au pied de la lettre aussi bien par les « frères mineurs » que par les « pauvres dames ».

La différence majeure, qui a tant choqué ma sensibilité de jeune garçon, a été imposée par les structures sociales. Les frères n'avaient d'autre activité que de parcourir les chemins pour aller partout répandre la Parole. Il était exclu, dans une société où les rôles des hommes et des femmes sont codifiés avec rigueur, où les premiers sont fondamentalement les maîtres des secondes, que les « sœurs mineures » courent les routes, même au nom de Jésus-Christ. Leur participation à l'œuvre de François ne peut avoir la même forme ; elles ne prêcheront pas sur les places publiques ou dans les églises ; elles se contenteront de consacrer toutes les heures de leur vie à la prière, en communion avec ceux qui peinent sur les chemins et se heurtent souvent à l'hostilité.

À vrai dire, cette « communion » est pour moi un mot inexplicable. Quel sens peut-il avoir ? Qu'y a-t-il de « commun » entre ceux qui affrontent des auditoires parfois malveillants, qui s'efforcent d'expliquer à tous le sens de l'Évangile, qui tentent de transformer, par l'exemple, les façons de vivre, les objectifs mêmes de la vie, et celles qui prient dans le secret, ne rencontrent que les quelques sœurs du même couvent et vivent à l'abri de tous les regards ?

Je suis tenté d'y voir au mieux une illusion, au pire une hypocrisie.

Et pourtant, c'est un fait, Claire a bouleversé sa ville, son Église, la société de son temps. Les femmes venues à San Damiano pour calquer leur vie sur son exemple ont été si nombreuses qu'il a fallu fonder, en Ombrie d'abord, puis dans toute l'Europe, des monastères adoptant sa règle. À la mort de Claire, en 1253, plus de cent cinquante couvents de clarisses se réclamaient de cette règle. Leur rayonnement a été tel que la légende attribue à Claire de multiples miracles, notamment d'avoir à deux reprises, par ses prières ou par son comportement, éloigné des troupes ennemies venues saccager Assise.

Devant cette mystérieuse « communion », je suis contraint d'évoquer les non moins mystérieuses interactions qui permettent à une structure « complexe » de manifester des pouvoirs inattendus, d'une nature tout autre que l'addition des pouvoirs des éléments dont cette structure est constituée. Pour expliquer l'émergence de l'ensemble de propriétés que l'on désigne par le mot « vie », j'ai dû faire appel à l'élan vers la complexité qui se manifeste depuis l'origine de l'univers et semble être le moteur de ses transformations. Cette complexité, source des pouvoirs imprévisibles, a été définie comme le résultat des liens entre les éléments. Ceux-ci, en raison de ces liens, ne se contentent pas de s'ajouter les uns aux autres ; ils interagissent, ils mettent en place une dynamique du « et » infiniment plus riche que la statique du « plus ».

Cette dynamique est-elle en action entre les frères mineurs, insérés dans le brouhaha du monde des hommes, et les sœurs mineures, qui s'en sont volontairement retirées ? Eux seuls peuvent fournir une réponse ; cette réponse est « oui ». Comment ne pas les croire ?

Entre ces hommes et ces femmes, le mystère de l'échange ne peut que surprendre le témoin extérieur. Et puisqu'il s'agit d'hommes et de femmes, il se demande quelle place est, dans cet échange, réservée à l'amour, quelle place au désir.

La communion dans l'amour

François a-t-il aimé Claire ? J'imagine cet homme de trente ans qui a tant ressenti dans sa jeunesse d'attirance pour la femme. De cette attirance, il a fait alors une source de plaisirs ; il sait ce que provoquent les caresses ; il sait ce qu'est l'effondrement intérieur lié au paroxysme de ce plaisir ; il a ressenti le besoin fou de n'être plus qu'un en deux. Les amies qu'il a rencontrées durant ses années de jeunesse lui ont fait cadeau de leurs trésors ; il a su les goûter.

Mais, dans la pénombre de la chapelle en ruine,

l'image du Christ lui a parlé. Il a désormais besoin de plus. Lorsque Claire est venue à lui, belle, plus belle que toutes les amies d'autrefois, il n'a pas pu ne pas évoquer les ineffables bonheurs passés, et projeter ces souvenirs sur un possible demain.

De cette beauté il faut ne garder que l'essentiel : son besoin à elle de toujours plus. De sa propre autorité, alors que ce geste est normalement réservé à l'évêque, il coupe ses cheveux. Elle n'est plus qu'un visage méconnaissable ; il peut l'aimer d'un amour qu'il ne subit pas, qu'il construit.

Il peut l'aimer au-delà de l'admiration, au-delà du désir ; mieux que Tristan n'a aimé Yseult.

Pour Tristan, la passion est le fruit d'une erreur ; il a bu un philtre ; il est enfermé dans une fatalité ; il ne peut faire autrement que de rechercher la fusion avec la femme désignée. Il est une victime.

Pour François, la fatalité est vaincue. La tension du désir n'est plus soumission à un parcours tracé, elle donne accès à d'autres tensions, qui le transforment, qui la transforment, qui les font « communier ».

Il peut laisser se développer son amour. Il peut aimer cet amour. Peut-être est-ce cet amour de l'amour qu'il appelle Dieu.

Le souci des pauvres

QUE LA PERSONNE AIMÉE soit Dieu, Claire, François ou un autre, entre elle et moi les objets désirés font obstacle. Le désir de posséder affadit la passion d'aimer, la détourne, l'avilit.

Lorsque nous aimons, tout notre être n'a qu'un but : se rapprocher de l'Autre, se construire en liaison avec lui, partager son devenir. Au long de ce chemin, il nous arrive de nous laisser hypnotiser par le brillant d'un objet ; nous désirons le posséder, en faire notre propriété. Lorsque enfin nous accédons à la personne tant rêvée, nous la traitons comme un objet, qu'à son tour il faut posséder. L'amour s'est dégradé en appropriation.

François comme Claire, qui ne pensaient qu'à l'amour, ont compris le danger mortel de la propriété. Dès le départ, François s'est séparé de tous ses biens, y compris les vêtements qu'il portait, le jour où il fut jugé par l'évêque sur la grand-place d'Assise. Durant toute sa vie il se tint à ce précepte : ne rien posséder. Il aurait voulu que cette règle fût respectée non seulement par chacun des frères individuellement mais par la collectivité qu'ils constituaient.

Le « privilège » de pauvreté

L'origine de ce mépris, et même de cette crainte, de toute propriété peut être recherchée dans l'épreuve qu'il subit au cours de sa vingtième année. Il participa alors à une guerre ridicule entre Assise et Pérouse. Le prétexte en était une sombre histoire de château appartenant à l'un des nobles qui avaient fui Assise lors de la destruction de la forteresse.

Des deux côtés l'envie d'en découdre est grande ; les jeunes hommes des deux cités se précipitent avec fougue les uns contre les autres. Les Assisiates, moins nombreux, moins bien organisés, sont défaits ; beaucoup sont massacrés. François échappe au carnage, mais il est emmené prisonnier avec de nombreux compagnons dans un cachot souterrain de la forteresse de Pérouse. Dans le froid, l'humidité, l'obscurité, sa santé, déjà fragile, s'altère. Malade, il est libéré au bout d'une année moyennant une rançon payée par son père.

Il revient chez lui, mais tout est changé. Durant la longue torture qu'a été, pour ce garçon habitué au plaisir de vivre, la sombre prison pérougienne, il a réfléchi et mesuré la vanité de l'accumulation, jour après jour, de petits bonheurs insignifiants. À ses camarades de captivité, il a déclaré, pour expliquer sa bonne humeur permanente en dépit des épreuves subies, qu'un jour il serait un grand saint. Boutade ou éclair de sincérité, vantardise ou lueur aperçue sur la réalité qui travaille au plus profond de lui-même ?

De retour à Assise, il reprend les habitudes d'autrefois ; il aide son père à gérer son commerce, il passe de joyeuses soirées avec ses camarades, mais le cœur n'y est pas. Il a besoin de plus. Ce plus reste confus lorsqu'il est obligé par la maladie, à Spolète, de mettre un terme à sa chevauchée guerrière, puis lorsqu'il entend la voix du Christ crucifié lui demander de « réparer son église ». Les démêlés avec son père, qu'entraîne cette réparation, l'amènent à se dépouiller publiquement, mais ce refus de l'argent n'est pendant quelques mois qu'une intuition vague dont il fait sa règle de vie.

Soudain, en un éclair, il comprend que ce refus est le moyen de suivre celui dont l'image lui a parlé à San Damiano. L'événement est exactement daté : le 24 février 1208 (il a vingt-six ans), il écoute, dans la petite chapelle de la Portioncule, la lecture de l'Évangile selon saint Luc. Jésus donne cette consigne aux apôtres envoyés prêcher la bonne nouvelle : « Vous ne devez emporter ni bourse, ni besace, ni pain, ni bâton, ni or, ni argent, ni monnaie... ». Pour François, c'est une illumination. Il n'a plus qu'une obsession, prêcher l'Évangile et donner l'exemple en ne possédant rien. La règle qu'il s'impose est si excessive qu'il passe pour fou. Qui peut avoir envie d'imiter un homme qui se condamne à la pauvreté absolue, qui accepte les moqueries, les insultes ?

Cet excès même attire en réalité des hommes insatisfaits de leur réussite apparente, inquiets d'une vie dont le quotidien ne leur semble déboucher sur rien qui vaille. Ils viennent le regarder vivre, constatent sa misère voulue et sa joie construite, et restent à ses côtés. Une communauté se crée ; elle devient, sans que François l'ait voulu, un ordre qu'il dote d'une Règle.

Au cœur de cette Règle, la volonté de devenir véritablement des disciples du Christ ; pour cela suivre ses consignes, ne rien posséder, être humble et pauvre ; pour devenir un Homme, prendre le même chemin que le fils de Dieu.

Lorsque Claire voulut suivre son exemple, il vit en elle « Dame Pauvreté ». Elle personnifiait ce vers quoi il tendait. Il semble que, dans cette direction, elle soit allée plus loin que lui. Alors que, par lassitude, il laissa les autorités de l'Église enlever de la Règle certains aspects qui leur semblaient impraticables, utopiques, elle resta intransigeante jusqu'au terme de sa vie.

Pour Claire, la pauvreté n'est pas un sacrifice que l'on s'inflige, c'est un privilège que l'on revendique.

Ce privilège, elle l'obtient du pape Innocent III qui, dit-on, ne peut s'empêcher de rire en signant le texte où il déclare : « Nous vous accordons de ne pouvoir être forcées par personne à recevoir des biens. »

C'est toute la logique de l'appropriation qui est ainsi retournée. On comprend que les personnages « sérieux » qui avaient en charge le développement des ordres religieux aient considéré ces objectifs non seulement comme incompatibles avec les contraintes du monde réel, mais comme dangereux. La propriété n'est-elle pas un droit « naturel » ?

La Terre, propriété de l'espèce

En fait, le concept de « droit naturel » est aussi dépourvu de contenu que celui de « morale naturelle ». La nature fait se succéder des événements parce qu'ils étaient nécessaires, ou simplement possibles, mais elle ne s'embarrasse ni de morale ni de droit. Tout au plus pouvons-nous remarquer que tel comportement humain est semblable, ou est au contraire opposé, aux exemples que nous observons autour de nous ; mais il n'en est rendu ni plus ni moins légitime.

Pour justifier la place de la propriété dans certaines cultures, il est souvent fait référence aux animaux qui marquent leur territoire pour manifester un droit d'usage exclusif ; le mâle, par exemple, balise, souvent avec ses excréments, le terrain où il attirera la femelle. L'individu prolonge ainsi l'objet qu'est son corps par un ensemble d'objets qui ne font pas partie de lui, mais qui dépendent de lui, au contact desquels il se reconnaît « chez lui » ; comme s'il avait disposé autour de son corps qu'il sent vulnérable l'équivalent d'une cuirasse protectrice.

En l'homme, plus que pour tout animal, la pensée de l'avenir submerge la conscience du présent ; chaque jour est consacré à la préparation des jours suivants. D'où l'angoisse permanente du lendemain. Il ne peut retrouver un peu de stabilité, de sérénité, qu'en créant des liens entre sa personne provisoire et des objets dotés de permanence. L'appropriation d'un terrain, d'un objet, est une manifestation de ce besoin. Il n'est donc pas étonnant que la plupart des législations fassent figurer le droit de propriété dans la liste des droits de l'homme. L'objectif est d'assurer la stabilité du cadre au sein duquel se construisent les personnes, se perpétuent les communautés.

Par définition, cette propriété est le droit exclusif d'utiliser un bien. S'approprier, c'est donc exclure ; « Ceci m'appartient » signifie « Ceci ne t'appartient pas. »

Nos sociétés ont complété le droit d'usage par le droit de transmission ; l'appropriation se perpétue par héritage. Reconduit de génération en génération, ce processus ne peut aboutir, dans un univers limité, qu'à un blocage généralisé, par épuisement des biens encore disponibles. Des limitations sont donc nécessaires. Le peuple juif l'avait bien compris, instituant une année jubilaire qui, tous les cinquante ans, annulait la propriété individuelle des terres reçues par héritage.

Au départ, la propriété protégée par le droit était surtout celle des biens utiles à la vie quotidienne ou à la cohésion d'une famille. Progressivement, le champ des biens appropriables s'est élargi, s'éloignant de ce qui le légitimait. Et surtout le droit d'user est devenu le droit d'abuser ; *« Jus uti et abutendi »* disaient les Romains. Et même de détruire. L'exclusion est alors définitive, irrémédiable. Pour de nombreux biens, d'ailleurs, l'usage entraîne la destruction. User n'a donc pas le même sens pour un terrain que l'on occupe ou un outil dont on se sert, que pour une nourriture que l'on consomme ou un carburant que l'on brûlc.

Dans un monde où lcs ressources seraient illimitées, ou rapidement renouvelables, la destruction d'un bien n'aurait que des inconvénients provisoires. Elle peut, par contre, être une catastrophe pour l'ensemble de la collectivité dans un monde tel que le nôtre, caractérisé par sa finitude ; elle est un acte irréversible qui appauvrit définitivement l'ensemble. S'approprier un bien non renouvelable pour le détruire est donc un acte pire qu'un vol, c'est un crime contre l'humanité à venir.

Les hommes viennent enfin de se rendre compte que la parcelle d'univers qui leur est attribuée est terriblement limitée, que les ressources en sont rapidement épuisables. Cette prise de conscience impose une remise en cause du droit de propriété. Un équilibre doit être trouvé entre ce qui est nécessaire à l'épanouissement des personnes ou à la cohésion des groupes et les besoins des hommes à venir. À côté de la propriété individuelle et de la propriété collective, doit être introduit le concept de propriété de l'espèce. Certains biens appartiennent à l'ensemble des hommes, y compris les hommes à venir jusqu'à la fin de l'humanité ; ils sont donc exclus du champ de la propriété, lorsque celle-ci prétend donner le droit de détruire.

Ce concept a déjà, fort heureusement, été introduit à propos des œuvres d'art : la cathédrale d'Amiens ou le temple de Borobodur sont des « biens communs de l'humanité » ; le *Portrait du docteur Gachet*, de Van Gogh, a été acheté par un riche Japonais, mais celui-ci n'a pas le droit de le faire incinérer, comme il en avait l'intention, avec son propre cadavre. Il est temps d'étendre cette appropriation par l'espèce aux cadeaux que nous fait la nature et qu'elle ne renouvellera pas.

Écouter François magnifier « Dame Pauvreté » est

d'autant plus urgent que les hommes de cette fin de siècle se précipitent vers un drame dû à l'appétit de richesses de ceux qui dominent. Quelques constats chiffrés permettent de mesurer l'ampleur de la catastrophe préparée. Les Occidentaux et le Japon représentent un quart de l'effectif des hommes ; ils consomment les trois quarts des richesses produites. Cela signifie que la consommation moyenne de chacun des habitants des pays pauvres est seize fois plus faible que dans les pays riches. Un tel écart sera-t-il accepté longtemps par ceux qui manquent de ce qui est nécessaire à une vie digne, et qui voient à leur porte le gâchis de nantis ?

Droit de propriété et droits de l'homme

L'opposition entre ceux qui sont privés et ceux qui sont gavés n'est pas seulement source de drames entre le Nord et le Sud ; elle est l'équivalent d'une bombe à retardement déposée au cœur même de nos sociétés. Dans notre pays naturellement si riche et où le travail des hommes est admirablement efficace, le nombre de ceux à qui cette richesse est refusée s'accroît sans cesse. La spirale infernale : perte du travail, diminution des ressources, traites et loyers impayés, expulsion du logement, etc. se referme rapidement sur sa proie et l'accule à une des formes de suicide social, délinquance ou drogue. Des hommes, des femmes sont regardés comme s'ils étaient « de trop ». Où trouver la cause de cette monstruosité ?

Certes, nos démocraties reconnaissent officiellement les droits de l'homme ; mais dans la réalité quotidienne, elles les bafouent allégrement en privilégiant certains droits au détriment d'autres. Le droit de propriété mérite que la société veille à son respect ; mérite-t-il d'être sacralisé comme il l'est dans notre pays ? Ne peut-il parfois s'effacer devant d'autres droits plus directement liés à la dignité de chacun ?

Les conditions de la vie dans les grandes villes font du droit au logement, un de ces droits essentiels. Il a été rappelé dans une loi de mai 1990 et déclaré être un objectif constitutionnel par le Conseil d'État. Pour autant, à Paris, il n'est guère respecté par les autorités. Il est donc nécessaire que des individus ou des associations réagissent. C'est ce qu'a fait D.A.L. (Droit au logement). Refusant la coexistence de familles sans logement et de logements sans famille, il ouvre ceux-ci à celles-là. Son action est illégale, si l'on s'en tient aux lois qui protègent la propriété ; elle est légitime, et nécessaire, si l'on prend au sérieux les lois qui protègent les citoyens.

Comme ces actions provoquent des réactions parfois musclées des forces de « l'ordre », il est utile que quelques personnages plus facilement respectés que d'autres par les autorités, pour d'aussi pauvres raisons que leur statut social ou leur notoriété, y participent, un peu comme témoin, un peu comme bouclier. Comment un « cher professeur » pourrait-il refuser son aide, lorsqu'on lui propose de faciliter l'entrée de soixante familles dans un immeuble en parfait état, laissé inoccupé par son propriétaire depuis plus de trois années, rue du Dragon, à deux pas de Saint-Germain-des-Prés ?

Cette logique imparable m'a amené à participer à quelques événements aussi inattendus que l'occupation d'une crèche abandonnée par la Ville de Paris, avenue René-Coty, ou l'entrée, un après-midi de Noël, d'une centaine de familles maliennes dans le grand hall de l'hôtel George-V. Elle m'a surtout permis de rencontrer l'équivalent dans notre siècle de François d'Assise, l'abbé Pierre. Chacun de ses actes est exactement celui qu'aurait fait François dans des circonstances semblables ; chacune de ses paroles aurait pu être dite par lui.

L'abbé est dans la droite ligne de François lorsqu'il proclame, comme une évidence, l'opposé de ce que notre société admet pour vrai. Quoi de plus révolutionnaire que son mot d'ordre « Servir en premier les plus démunis » ?

Le plus étrange est qu'il est écouté, y compris de ceux qui ont le pouvoir. Après que nous avons commis le squatt de la rue du Dragon, il a suffi de quelques minutes, un après-midi dominical, pour qu'il obtienne un rendez-vous immédiat avec le Premier ministre, à la façon dont François était reçu à Damiette par le sultan Malik.

Il est écouté aussi de ceux qui interprètent les lois. Il y a quelques années, les occupants d'un squatt, traînés devant un tribunal, se voyaient enjoint de déguerpir, au nom du respect de la propriété. Aujourd'hui le tribunal exige toujours, au nom de ce respect, l'expulsion des « occupants sans droit ni titre », mais simultanément il demande aux autorités de reloger ces familles, au nom du droit au logement. Et il accorde des délais suffisants pour que ces autorités fassent leur devoir. Cette évolution de la jurisprudence est révélatrice d'un changement profond de la mentalité de notre peuple. L'abbé Pierre serait-il en train de réussir dans notre pays la révolution franciscaine ?

La révolution inévitable

Nous l'avons vu, il est définitivement exclu que les six milliards d'hommes d'aujourd'hui ou les dix milliards de demain jouissent du mode de vie, marqué par un intense gaspillage, des actuels Occidentaux. Des limites physiques indépassables s'y opposent. Or, ces occidentaux sont lancés dans une course effrénée vers « toujours plus ». Cette course a pour conséquences des inégalités croissantes et des tensions qui ne pourront qu'aboutir à des conflits destructeurs.

Il n'y a pas d'autre issue qu'une diminution de la consommation des riches. Il leur faut entrer dans une phase de décroissance de cette consommation, dans la mesure où elle provoque une disparition de richesses non renouvelables de la Terre. Or, ils n'ont qu'une obsession, la croissance, dont ils attendent, contre tout bon sens, la guérison de leurs maux, en particulier le chômage. La racine de cette erreur est profonde ; sans doute se situe-t-elle dans le rôle que nous attribuons à la valeur marchande, devenue la mesure suprême, la source de toute hiérarchie. François l'avait compris, lui dont le premier geste de sa nouvelle vie a été de se débarrasser de la bourse destinée à la reconstruction de sa chapelle.

C'est un retournement complet de nos objectifs qui s'impose si nous voulons éviter de mettre en place un monde des hommes pire que le *Meilleur des mondes* d'Aldous Huxley.

Ce retournement est si radical que sa seule évocation suscite le scepticisme. C'est impossible, me dit-on. Pourtant la nécessité en est évidente.

Au nom d'une foi, d'une volonté de conformer leur vie à une parole entendue, François et Claire ont réalisé l'impossible. Aujourd'hui, ce n'est qu'au nom d'un regard lucide sur la condition humaine qu'une bifurcation du cours de l'Histoire est proposée.

La raison aura-t-elle la même force sur nous que Dieu sur François et Claire ?

Dieu

« LOUÉ SOIS-TU, Seigneur... » Dans son *Cantique des créatures*, François n'emploie pas le mot Dieu. Il évite ce mot piège.

Comment peut-on utiliser les mêmes sons, les mêmes lettres, pour désigner les ridicules personnages qui peuplaient l'imagination des Grecs ou des Romains, et le concept qui évoque la communion universelle entre les hommes. Car ils étaient grotesques ces Jupiter, Junon, Neptune ou Minerve qui passaient leur temps à se quereller, se cocufier, se réconcilier, se morfondre parfois de leur sort et venir s'amuser avec les hommes pour passer le temps. Remplacer une lettre minuscule par une majuscule, est-ce suffisant pour marquer la différence. Dès le premier mot, nous sommes trompés lorsque nous évoquons « Dieu ».

Qui est donc ce Seigneur auquel François rend grâce ? Avant tout un créateur, que l'on imagine à travers ses créatures. Sept siècles plus tard, notre vision du monde a profondément changé. La science nous a appris non seulement à mieux regarder ce monde tel qu'il est, mais à reconstituer le cheminement par lequel il est parvenu à cet état. Pour François le monde est, pour nous il devient. Comment relier ces deux visions ?

Le Dieu de François

Dans la solitude et le silence de San Damiano, François entend l'image du Christ crucifié lui parler. Nous raisonnons aujourd'hui en évoquant les phénomènes qui se déroulent dans la nature ; nous ne pouvons croire que ces paroles sont parvenues à ses oreilles sous forme de vibrations dans l'air ; aucun son ne s'est propagé. Était-ce pure illusion, autosuggestion d'un esprit tendu, insatisfait, attendant une consigne venue d'ailleurs pour orienter le cours de sa vie ? Peu importe. Il a entendu un ordre ; l'authenticité de ce fait est comme démontrée par l'erreur qu'il commet. Il comprend « Répare mon église » et se met immédiatement au travail pour remettre en état la chapelle. Pendant de nombreux mois, il reconstruit des chapelles en ruine. Après plus de deux années, il entend enfin le véritable message : « Répare mon Église ».

Cette fois, il n'est besoin d'aucun miracle ; les paroles qu'il entend sont simplement celles d'un bénédictin qui, au cours de la messe, lit le passage de l'Évangile selon saint Luc où Jésus envoie ses apôtres annoncer la bonne nouvelle à toutes les nations. Ce texte n'est plus pour François une suite de mots déjà souvent entendus ; il résonne en lui comme un appel direct du Christ. C'est à lui que la consigne est donnée. Comment ne pas obéir ?

Celui à qui François obéit, celui à qui il va, tout au long de sa vie, tenter de ressembler, est l'homme Jésus-Christ. Cet homme parle de l'amour ; François parlera donc de l'amour. Cet homme a été crucifié, ce qui a marqué son corps de cinq plaies, aux pieds, aux mains et au côté ; François sera donc marqué de cinq plaies.

En septembre 1224, il se retire pour méditer dans une grotte du massif de La Verna. Seul frère Léon a le droit d'approcher chaque matin pour lui apporter de l'eau et du pain. Il est seul face à celui qui, dix-neuf années plus tôt, l'a interpellé, à qui il a dit oui. Et, disent les témoins, le miracle se produit : dans la nuit du 14 septembre, les habitants des villages voisins aperçoivent le sommet de La Verna inondé de lumière. Frère Léon, plus proche, voit une boule de feu descendre sur François. Celui-ci lui confie plus tard le secret que Léon trahira : un ange, orné de six ailes, portant l'image du crucifié, a marqué son corps des plaies du Christ.

Pendant les deux années qui le séparent de sa mort, ces plaies le feront terriblement souffrir, mais loin de les exhiber, il s'efforcera de les cacher, entourant ses pieds de bandages, et cachant ses mains dans ses manches. Ces « stigmates » n'ont été rendus publics que par les indiscrétions de ses frères. Ils ne sont pas destinés à convaincre les foules. Ils sont un élément du dialogue permanent entre Jésus et François.

Sans mettre le moins du monde en doute sa sincérité et celle des témoins, nous ne pouvons plus, comme les contemporains, voir dans ces récits la description d'événements réels. Ils ont été vécus comme réels, cela seul importe. Mais quel sens leur accorder ?

Certains théologiens des siècles suivants ont replacé l'aventure franciscaine dans la description de l'histoire proposée par Joachim de Fiore au XIIe siècle. Selon lui, les trois personnes de la Trinité correspondent à trois périodes successives ; le Père à celle de l'Ancien Testament, le Fils à celle du Nouveau Testament. Viendra enfin celle du Saint-Esprit qui ne pourra être atteinte que par une réforme radicale de l'Église. Étrangement, Joachim prophétisait la création prochaine de deux ordres religieux capables d'entraîner les hommes vers de nouveaux sommets spirituels, de réaliser la Nouvelle Jérusalem.

Divers conciles avaient hésité entre la condamnation ou l'approbation des vues de Joachim ; mais la création, au siècle suivant, des ordres mendiants dominicain et franciscain sembla donner raison à sa prophétie et le fit considérer comme un saint plutôt que comme un hérétique.

Dans cette perspective, François devient la figure emblématique de la troisième période ; les stigmates le relient à Jésus, comme la crucifixion avait relié Jésus à Dieu. De même que Jésus concrétise le lien entre Dieu et les hommes, François serait-il le lien entre les hommes et l'Esprit ?

Beaucoup de croyants ont été tentés de voir ainsi en François plus qu'un saint, presque un second messie.

Lui ne semble guère avoir consacré ses méditations à des questions de cette nature. Il n'était pas théologien, il ne se voulait pas « intellectuel ». Il manifestait même, pour tout ce que l'on apprend dans les écoles, un certain dédain. Ce que nous appelons la « foi » ne semble pas avoir consisté pour lui en une adhésion à une croyance, beaucoup plus en une adhésion à une façon de vivre.

Il voit d'abord dans le Christ un homme venu proposer aux hommes une meilleure harmonie dans leur vie en commun. L'objectif est de parvenir à une joie partagée par tous. Il donne l'exemple en transformant les pires souffrances et même les humiliations, en une source de sérénité, de bonheur. Alors que son corps lui refuse tout service, que ses plaies sont horriblement douloureuses, que son esprit est tenté par le désespoir, il chante le *Cantique des créatures* et demande à ses frères de le chanter avec lui.

Pour lui le monde est beau, et il est à la disposition des hommes. Ils doivent l'admirer, et le respecter. Ils doivent s'admirer et se respecter les uns les autres.

Dieu aujourd'hui

« Si Dieu a créé le monde, j'espère qu'il a une bonne excuse ». Cette boutade d'un humoriste résume bien l'attitude de nos contemporains face à un Créateur présenté comme tout-puissant, et partageant donc la responsabilité de toutes les horreurs de ce monde. Comment louer le Seigneur, comment chanter le *Cantique des créatures*, après Auschwitz ?

L'erreur est sans doute de chercher Dieu à partir des concepts de création et de toute-puissance.

L'idée que l'univers a été créé semble résulter d'une évidence : tout objet, quel qu'il soit, a une origine, un début. En remontant dans le passé, il est impossible de ne pas aboutir à une époque où cet objet n'existait pas. La durée est ainsi séparée en deux périodes, l'avant et l'après de son apparition. Cette évidence, valable pour chaque élément de l'univers, l'est-elle pour l'univers lui-même ? Notre siècle nous a appris à ne pas répondre trop rapidement à cette question.

Grâce à Einstein, nous avons compris, avec la relativité restreinte, que l'espace et le temps n'étaient pas des concepts indépendants, puis, avec la relativité générale, que la matière se manifestait par une déformation des dimensions liées à cet espace-temps. La durée s'écoule moins rapidement aux environs d'un objet doté d'une masse importante. Si la densité de cet objet dépasse une certaine limite, s'il est un « trou noir », l'éternité elle-même perd à son contact son prestige de durée infinie.

Le constat de l'expansion de l'univers, observable aujourd'hui, a pour conséquence l'hypothèse d'un big bang, une explosion initiale qui se serait produite il y a quelque 15 milliards d'années. Certains ont vu dans cette description la confirmation de l'hypothèse d'une création, et donc de la nécessité d'un Créateur. On peut, au contraire, interpréter le modèle du big bang comme la négation de cette création.

En effet « création » signifie possibilité de définir une frontière entre un « avant » et un « après ». Or, que signifie l'« avant big bang » ? Apparemment rien. Car ce big bang a fait apparaître non seulement l'espace et les objets qui s'y meuvent, mais le temps lui-même. Comment pourrait-on imaginer une durée qui s'écoule, lorsqu'aucun événement ne se produit. C'est le constat de saint Augustin : « Je sais que si rien ne se passait, il n'y aurait pas de temps passé. » L'hypothèse du big bang implique que la durée peut être définie par la succession des événements ; cette durée n'a pas de réalité lorsque cette succession n'est pas concrétisée. Il ne peut donc y avoir d'« avant big bang ». Celui-ci n'est pas une frontière dans la durée, il est l'origine même de cette durée.

Les supputations à propos de l'avenir lointain mettent, elles aussi, à mal la conception naïve de la création. Deux scénarios semblent possibles : ou bien une poursuite illimitée de l'expansion de l'univers ; ou bien un ralentissement progressif de celle-ci, suivi d'une contraction aboutissant finalement à un « big crunch », implosion symétrique de l'explosion primordiale. Dans le premier cas, l'univers devient un ensemble presque vide, froid, où la durée disparaît dans le néant de l'espace ; l'aventure de l'univers n'aura été que beaucoup de bruit pour rien. Dans le second cas, le refermement de tout l'espace rassemblé en un point peut être l'origine d'un nouveau big bang. L'histoire de l'univers serait alors celle d'une succession, sans début ni fin, de pulsations séparées par une « singularité » où temps, espace et matière perdent toute définition.

Les astrophysiciens ne sont pas seuls à nous contraindre à une réflexion renouvelée à propos de la création. Les logiciens nous mettent en garde contre la faute consistant à étendre à un ensemble les règles permettant d'explorer certaines de ses parties. Cette erreur de raisonnement, les mathématiciens eux-mêmes l'avaient commise en acceptant sans précaution, il y a un siècle, l'existence de l'« ensemble de tous les ensembles ». Ce qui est vrai pour chacun des éléments n'est pas nécessairement vrai, ou même défini, pour leur ensemble.

Le concept de création a du sens pour une statue qu'un sculpteur fait sortir d'un bloc de marbre, un poème qu'un écrivain fait apparaître sur la feuille blanche ; il n'en a pas pour un néant sans durée qui « exploserait » pour produire de la matière et de l'énergie. L'univers, autour de nous, est, nous le voyons se transformer : nous sommes capables de reconstituer son histoire passée et d'imaginer son histoire future. Mais nous sommes définitivement incapables d'accéder à l'instant initial, et même de le définir. Essayons de nous passer du Créateur.

Quant à la toute-puissance, elle est trop évidemment une extrapolation des fantasmes humains pour être acceptée comme caractéristique divine. Un Dieu tout-puissant n'est jamais qu'un super-homme, constamment hanté par le désir de manifester sa capacité à l'emporter sur les forces de la nature ou sur les volontés humaines. Désirer être tout-puissant, c'est renoncer au statut divin. On peut comprendre que les premiers hommes, s'efforçant de répondre à leur besoin de transcendance, aient imaginé des personnages fabuleux jouissant de toutes les caractéristiques qu'ils auraient tant voulu avoir, mais dont ils étaient privés. Il est temps de sortir de cette imagination infantile.

Privé de sa toute-puissance et de son rôle de créateur, que reste-t-il à Dieu ? L'essentiel.

À défaut de François, trop lointain, écoutons le message d'un de ceux qui l'ont suivi, un franciscain qui, selon les critères de son ordre, a particulièrement « réussi », puisqu'il a été capable de faire largement entendre sa voix tout en refusant de jouer le jeu de la réussite sociale, de l'enrichissement, de l'égoïsme, du pouvoir apparent. L'abbé Pierre parle de Dieu. Il n'a qu'une phrase pour préciser son sujet : « Dieu est amour. » Dès que l'on remplace le mot « amour » par un autre, ajoute-t-il, on trahit Dieu. En particulier lorsqu'on fait de lui un créateur ou un être tout-puissant.

Essayons de ne plus imaginer Dieu comme un personnage capricieux qui, pour tromper son ennui, fabriquerait des photons et des quarks, puis les assemblerait en atomes, en structures, en objets, et bricolerait un univers pas toujours admirable.

Akhénaton n'a fait que le premier pas en se débarrassant d'une foule de dieux grotesques qui avaient surtout pour fonction d'assurer le pouvoir des prêtres et des princes. Il faut aller plus loin. Car le Dieu unique auquel se réfèrent aujourd'hui toutes les religions méditerranéennes est, lui aussi, éhontément utilisé pour asseoir la domination de quelques-uns et justifier l'oppression du plus grand nombre.

Un exemple en est actuellement fourni par l'Église catholique romaine qui, au nom de la foi en Dieu, refuse aux femmes l'égalité avec les hommes pour tout ce qui concerne les actes les plus importants de la vie religieuse ; elles ne peuvent, « définitivement », affirme le pape actuel, exercer la prêtrise. Certes, il ne s'agit que de fonctions à l'intérieur de l'Église, mais cette attitude est révélatrice d'un mépris à l'égard de la moitié de l'humanité.

On comprend la révolte de femmes comme Nelly Roussel, au début du siècle, soucieuses de défendre la place des femmes dans la société et constatant que leur combat impliquait de s'en prendre, pour commencer, aux religions. « Si la femme, dans les pays les plus civilisés, est traitée, par les divers codes, en inférieure et en incapable, c'est parce que toutes les religions, inventées exclusivement par des mâles désireux de justifier la suprématie que leur sexe avait conquise à l'aide de la force brutale, ont insulté et méconnu le nôtre. »

Comment franchir un nouveau pas rendant impossible l'attitude dont Nelly Roussel fait le constat : « Les différentes religions n'ont-elles été, aux yeux et entre les mains de leurs fondateurs et de leurs ministres, que des instruments d'oppression ? »

Une réponse peut être proposée en considérant

que la fonction des religions est moins de relier *(religare)* les hommes que de relire *(re-legere)* la nature et les textes sacrés. Chacune de ces relectures les enrichit de sens nouveaux. C'est l'attitude de Jean Cardonnel, dominicain, qui apporte un regard autre sur le texte auquel il se réfère, l'Évangile. Selon lui, « Dieu est mort en Jésus-Christ » ; et il craint fort que les enseignements actuels de l'Église, son Église, aboutissent à faire mourir Jésus-Christ en Dieu.

Pour lui, le Dieu qui est mort est l'autocrate satisfait, donnant des ordres, veillant à leur exécution, punissant ceux qui ne s'y conforment pas, vengeur, jouissant de l'exercice solitaire du pouvoir. « Ce Dieu jupitérien, il faut le refuser totalement. » Il suffit d'évoquer les horreurs qui ont été commises en son nom, pour adhérer à ce refus : on a même osé le présenter comme le Dieu des armées, et inscrire sur le ceinturon des soldats *Gott mit uns.*

Demeure le mystère de l'émergence d'une personne en cet objet, fabriqué par la nature à partir d'une collection de gènes, qu'est un organisme humain. Cet objet, un jour, comprend qu'il existe. Comme tous les autres objets, il est, mais, seul parmi les objets, il se sait être. Comment expliquer le surgissement de cette conscience ? Une réponse possible est l'appartenance de chaque être humain à l'humanité. Cette appartenance apporte à chacun une dimension qu'il ne peut atteindre seul.

L'important est donc la qualité des liens de chacun avec tous. S'ils sont de domination et soumission, s'ils établissent une hiérarchie où chacun est à « sa place », ils ne font qu'insérer chaque personne en une foule où elle se perd. S'ils sont d'ouverture, d'écoute, de respect, ils enrichissent chaque « je » des « tu » qui lui sont adressés ; ils font surgir « quelqu'un » fait de tous les liens tissés. Cette surrection permanente, fruit de l'exigence de constamment devenir soi en communion avec les autres, n'est-ce pas ce qu'ont constaté les disciples d'Emmaüs lorsqu'ils ont été mis devant l'évidence de la ré-surrection ?

L'évocation d'un créateur tout-puissant n'ouvre guère un chemin vers une transcendance se manifestant par l'amour. Pourquoi chercher ailleurs que dans l'existence visible d'une humanité capable de faire des personnes à partir des individus fournis par la nature ? Sans doute est-ce le sens de la célèbre phrase : « Lorsque vous serez réunis, Je serai parmi vous. » Ce « Je » est ce qui apparaît en plus lorsque les hommes savent s'unir.

Ce n'est pas là un souhait, c'est un constat : je suis plus que moi-même. Ce plus, est-il opportun de l'appeler Dieu ? Chacun répond dans le secret et le tourment. J'essaie d'admettre que mon « plus » c'est les autres, et m'efforce d'en tirer les conséquences.

Cet ouvrage a été réalisé par la
SOCIÉTÉ NOUVELLE FIRMIN-DIDOT
Mesnil-sur-l'Estrée
pour le compte des Éditions Calmann-Lévy
en janvier 1996

Imprimé en France
Dépôt légal : janvier 1996
N° d'édition : 12207/01 - N° d'impression : 33160